Katharina Schierle

Steuerrecht – Die Neuregelung des Mantelkaufs nach § 8c KStG

Gesetzessystematik und praxisrelevante Fallbeispiele

igel Verlag
RWS

Schierle, Katharina: Steuerrecht – Die Neuregelung des Mantelkaufs nach § 8c KStG: Gesetzessystematik und praxisrelevante Fallbeispiele, Hamburg, Igel Verlag RWS 2015

Buch-ISBN: 978-3-95485-298-7
PDF-eBook-ISBN: 978-3-95485-798-2
Druck/Herstellung: Igel Verlag RWS, Hamburg, 2015

Bibliografische Information der Deutschen Nationalbibliothek:
Die Deutsche Nationalbibliothek verzeichnet diese Publikation in der Deutschen Nationalbibliografie; detaillierte bibliografische Daten sind im Internet über http://dnb.d-nb.de abrufbar.

Hermannstal 119k, 22119 Hamburg
http://www.diplomica.de, Hamburg 2015
Printed in Germany

Gliederung

Abkürzungsverzeichnis

a.A.	andere Ansicht
Abs.	Absatz
a.F.	alte Fassung
AG	Aktiengesellschaft
AktG	Aktiengesetz
Alt.	Alternative
Anm.	Anmerkung
AO	Abgabenordnung
Art.	Artikel
AStG	Außensteuergesetz
BB	Betriebs-Berater (Zeitschrift)
Bd.	Band
BFH	Bundesfinanzhof
BGB	Bürgerliches Gesetzbuch
BGBl.	Bundesgesetzblatt
BMF	Bundesministerium der Finanzen
BR-Drs.	Bundesrats-Drucksache
Bsp.	Beispiel
BStBl.	Bundessteuerblatt
BT-Drs.	Bundestags-Drucksache
BV	Betriebsvermögen
BVerfG	Bundesverfassungsgericht
BVerfGE	Amtliche Sammlung von Entscheidungen des Bundesverfassungsgerichts
bzw.	beziehungsweise
DB	Der Betrieb (Zeitschrift)
Diss.	Dissertation
DStJG	Deutsche Steuerjuristische Gesellschaft
DStR	Deutsches Steuerrecht (Zeitschrift)
DStZ	Deutsche Steuer-Zeitung (Zeitschrift)
EFG	Entscheidungen der Finanzgerichte
ESt	Einkommensteuer

EStG	Einkommensteuergesetz
f., ff.	folgend, fortfolgend
FG	Finanzgericht
FGO	Finanzgerichtsordnung
FR	Finanz-Rundschau (Zeitschrift)
GewSt	Gewerbesteuer
GewStG	Gewerbesteuergesetz
GG	Grundgesetz
GmbH	Gesellschaft mit beschränkter Haftung
GmbHG	Gesetz betreffend die GmbH
GmbHR	GmbH-Rundschau (Zeitschrift)
H	Hinweis
HGB	Handelsgesetzbuch
Hrsg.	Herausgeber
Hs.	Halbsatz
i.H.v.	in Höhe von
i.S.	im Sinne
i.V.m.	in Verbindung mit
KSt	Körperschaftsteuer
KStG	Körperschaftsteuergesetz
KStG-E	Entwurf eines Körperschaftsteuergesetzes
KStH	Hinweise zu den Körperschaftsteuer-Richtlinien
KWG	Kreditwesengesetz
lit.	Buchstabe
m.E., M.E.	meines Erachtens, Meines Erachtens
MoRaKG	Gesetz zur Modernisierung der Rahmenbedingungen für Kapitalbeteiligungen
Mrd.	Milliarden
m.w.N.	mit weiteren Nachweisen
n.F.	neue Fassung
Nr.	Nummer
NWB	Neue Wirtschafts-Briefe

Rn.	Randnummer
Rz.	Randziffer
S.	Seite
SEStEG	Gesetz über steuerliche Begleitmaßnahmen zur Einführung der Europäischen Gesellschaft und zur Änderung weiterer steuerrechtlicher Vorschriften
StC	Steuerconsultant (Zeitschrift)
SteuerStud	Steuer und Studium (Zeitschrift)
StuB	Steuern und Bilanzen (Zeitschrift)
u.a.	unter anderem
Ubg	Die Unternehmensbesteuerung (Zeitschrift)
UmwG	Umwandlungsgesetz
UmwStG	Umwandlungssteuergesetz
v.	vom
vgl., Vgl.	vergleiche, Vergleiche
WKBG	Wagniskapitalbeteiligungsgesetz

A. Einleitung

Heutzutage ist der Wirtschaftsstandort Deutschland stark geprägt von unterschiedlichsten Arten an Unternehmenstransaktionen. Ob aus ökonomischen oder auch aus rein steuerlichen Gründen: Unternehmenskäufe, -verkäufe und -übernahmen sind aus dem alltäglichen Geschehen des deutschen Wirtschaftssektors nicht mehr wegzudenken. Die steuerliche Komponente erlangt dabei vor allem immer dann mehr Gewicht, sobald bei den beteiligten Gesellschaften nicht genutzte Verlustvorträge ausgewiesen werden, da hierbei das Potenzial, missbräuchlichen profitorientierten Handel in der Form des sogenannten Mantelkaufs damit zu treiben rapide ansteigt. Aktuell genießen genau diese Konstellationen des Mantelkaufs steuerrechtlich erhöhte Aufmerksamkeit, da der Gesetzgeber durch die Einführung des § 8c KStG im Rahmen des Unternehmensteuerreformgesetzes 2008[1] eine Verlustnutzung in diesen Fällen einer verschärften Beschränkung unterworfen hat. Wirtschaftlich gesehen wird deren Signifikanz vor allem vor dem Hintergrund eines letztmals Ende des Jahres 2001 ermittelten nicht genutzten Verlustvortrags deutscher Körperschaften i.H.v. circa 380 Mrd. € deutlich.[2]

Diese Arbeit soll zunächst die Stellung der Mantelkaufregelung innerhalb der bestehenden Problematik der Verlustnutzung bei Rechtsnachfolge darstellen. Dabei wird vorab die Systematik der Verlustberücksichtigung innerhalb des deutschen Steuerrechts aufgezeigt, welche die Basis für das Missbrauchspotenzial im Rahmen der körperschaftsteuerlichen Verlustnutzung bildet. Sodann soll nach einem einführenden Überblick über die Historie der Mantelkaufproblematik und einer kurzen Darstellung der kritikwürdigen Vorgängerregelung des § 8 Abs. 4 KStG a.F. der Tatbestand der aktuellen, neu eingeführten Mantelkaufregelung des § 8c KStG vor dem Hintergrund der zugrundeliegenden Gesetzgeberintention genauer beleuchtet werden.

Ziel dieser Arbeit soll sein, den Tatbestand des § 8c KStG kritisch anhand steuersystematischer, rechtspolitischer und praktischer Aspekte zu würdigen. Dies soll abschließend auch, soweit umsetzbar, anhand ausgewählter praxisnaher

---

1 Vgl. BT-Drs. 16/4841.

2 Vgl. Statistisches Bundesamt, Körperschaftsteuerstatistik 2001 - Fachserie 14 - Reihe 7.2., abrufbar unter www.destatis.de.

Anwendungsbeispiele verifiziert werden. Dabei werden die Ausführungen dieser Arbeit auf den Geltungsbereich des deutschen Steuerrechts beschränkt, womit grenzüberschreitende Sachverhalte im Rahmen dieser Betrachtung keine Berücksichtigung finden. Überdies genießen die diesbezüglichen Ausführungen keinerlei Vollständigkeit bezüglich der betrachteten kritikwürdigen Aspekte, sondern stellen vielmehr signifikante Eckpunkte der Thematik dar.

B. Grundlagen der Rechtsnachfolge bei körperschaftsteuerlichen Verlusten

Für eine fundierte Würdigung der neu eingeführten Verlustabzugsbeschränkung des § 8c KStG hinsichtlich seiner Bedeutung, ist zunächst der gesetzessystematische Hintergrund der Rechtsnachfolge bei körperschaftsteuerlichen Verlusten zu erläutern.

I. Grundlagen der Verlustverrechnung

II. Begriffsbestimmung steuerlicher Verluste

Eine Legaldefinition des Verlustbegriffes liefern die Normen innerhalb des EStG nicht. Ein steuerlicher Verlust liegt nach überwiegender Ansicht vor, sobald im Rahmen der Gewinneinkünfte der Betrag der Betriebsausgaben den der Betriebseinnahmen (§ 4 Abs. 3 Satz 1 EStG) oder im Rahmen der Überschusseinkünfte der Betrag der Werbungskosten den der Einnahmen (§ 2 Abs. 2 Satz 1 Nr. 2 EStG) überschreitet und folglich ein Saldo an negativen Einkünften entsteht.[3] Grundsätzlich ausgeschlossen von einer steuerlichen Anerkennung sind jedoch Verluste, die der Steuerpflichtige aus einer Tätigkeit innerhalb einer Einkunftsart ohne nachweisbare Einkünfteerzielungsabsicht erleidet, wie beispielsweise bei Einkünften aus hobbymäßiger Betätigung. In diesen Fällen handelt es sich um Liebhaberei, deren Abgrenzung zur Absicht, positive Einkünfte erzielen zu wollen, einzelfallbezogen anhand einer Gesamtbetrachtung aller dazugehörigen Aspekte vorgenommen werden muss.[4]

1. Steuerrechtliche Prinzipien der Verlustberücksichtigung

Ob und inwieweit steuerliche Verluste bei der Ermittlung der ertragsteuerlichen Bemessungsgrundlage berücksichtigt werden können, bestimmt sich nach den fundamentalen Prinzipien des deutschen Ertragsteuerrechts.

---

3 Vgl. *Birk*, Steuerrecht, Rn. 542; *Jakob*, Einkommensteuer, Rn. 85; *Lang*, in: Tipke/Lang, Steuerrecht, § 9 Rz. 60.

4 Vgl. zu Einzelheiten *Jakob*, Einkommensteuer, Rn. 86 ff.

a) Leistungsfähigkeitsprinzip

Da der Staat durch die Erhebung von Steuern in die Sphäre des Bürgers eingreift, sind die Normen des Steuerrechts als hoheitliche Maßnahmen den im Grundgesetz verankerten verfassungsrechtlichen Prinzipien unterlegen.[5] Zwar sieht sich der Gesetzgeber bei der materiellen Gestaltung des Steuersystems keinen strikten Vorgaben gegenüber, so ist er jedoch in jedem Fall an die Grundrechte und verfassungsrechtlichen Grundsätze gebunden.[6]
Insbesondere der Gleichheitsgrundsatz des Art. 3 Abs. 1 GG spielt für das Steuerrecht eine signifikant maßgebende Rolle,[7] indem er die gesetzliche Grundlage für das Prinzip gerechter Besteuerung bildet, welches innerhalb des deutschen Steuersystems in seiner speziellen Form des steuerlichen Leistungsfähigkeitsprinzips anerkannt ist.[8] Dabei soll die Besteuerung nach dem Leistungsfähigkeitsprinzip eine gerechte steuerliche Belastung des jeweiligen Steuerpflichtigen nach Maßgabe seiner persönlichen Leistungsfähigkeit i.S. von Zahlungsfähigkeit sicherstellen.[9] Folglich ist für die Gewährleistung einer korrekten Umsetzung des Prinzips die tatsächliche – das heißt wirtschaftliche – Leistungsfähigkeit eines Steuersubjekts zu ermitteln.[10] Da negative Einkünfte in Form von Verlusten die Leistungsfähigkeit offensichtlich verringern, ist deren Anrechnung auf die positiven Einkünfte zur Ermittlung der effektiven Leistungsfähigkeit grundsätzlich geboten.

b) Objektives Nettoprinzip

Indem der Gleichheitsgrundsatz in Form des Leistungsfähigkeitsprinzips jedoch nur grundlegende Anhaltspunkte liefert,[11] erlangt er durch das objektive Nettoprinzip weitergehende Präzisierung und Ausgestaltung. Dieses ist in § 2 Abs. 2

---

[5] Vgl. *Jakob*, Einkommensteuer, Rn. 7; *Lang*, in: Tipke/Lang, Steuerrecht, § 4 Rz. 13.
[6] Vgl. *Rodi*, Rechtfertigung von Steuern als Verfassungsproblem, S. 39 f.
[7] Vgl. *Tipke*, Steuerrechtsordnung, Bd. I, S. 290.
[8] Vgl. *Tipke*, Steuerrechtsordnung, Bd. I, S. 479 ff.
[9] Vgl. *Jakob*, Einkommensteuer, Rn. 9.
[10] Vgl. BVerfG v. 17.1.1957 – 1 BvL 4/54, BVerfGE 6, S. 67; BVerfG v. 29.5.1990 – 1 BvL 20, 26/84 und 4/86, BVerfGE 82, S. 86 f.
[11] Vgl. *Lang*, in: Tipke/Lang, Steuerrecht, § 4 Rz. 83, 89.

EStG gesetzlich normiert,[12] wobei die Verwendung von Nettogrößen den Abzug von Aufwendungen zulässt, welche zur Erzielung der Einkünfte notwendigerweise getätigt werden müssen.[13] Somit führt auch die Befolgung des objektiven Nettoprinzips als Konkretisierung des Leistungsfähigkeitsprinzips zur Besteuerung nach der tatsächlichen, wirtschaftlichen Zahlungsfähigkeit und folglich zur Verrechnung von Verlusten mit positiven Einkünften.

Das objektive Nettoprinzip entfaltet seine Wirkung dabei nicht nur isoliert auf der Ebene einer Einkunftsart über den horizontalen Verlustausgleich, sondern auch bei der Verrechnung der Ergebnisse der verschiedenen Einkunftsarten miteinander im Rahmen des vertikalen Verlustausgleichs gemäß § 2 Abs. 3 EStG.[14]

c) Periodizitäts- versus Totalitätsprinzip

Ebenfalls mit einer, dem objektiven Nettoprinzip entsprechenden, Besteuerung zu rechtfertigen ist die steuerliche Berücksichtigung von Verlusten über die verwaltungstechnisch gesetzten Schranken der Besteuerungsabschnitte – das heißt Veranlagungszeiträume – hinaus. Grundsätzlich ist die deutsche Einkommensteuer eine Periodensteuer und wird einmal jährlich für den vergangenen Veranlagungszeitraum festgesetzt (§ 2 Abs. 7 Satz 1 EStG).[15] Würde man diesem Schema strikt ohne Ausnahme folgen, so hätte dies eine ungerechte Verteilung der Steuerlast zur Folge: Erzielt ein Steuerpflichtiger in wenigen Jahren einen hohen Betrag an positiven Einünften, so wird er aufgrund des progressiven Steuertarifs gemäß § 32a EStG stärker belastet, als ein Steuerpflichtiger, der den gleichen Betrag an Einkünften über einen größeren Zeitraum hinweg gleichmäßig verteilt erzielt.[16]

Gerade vor dem Hintergrund der Bemessung der individuellen Leistungsfähigkeit am Lebenseinkommen – das heißt nach dem Totalgewinn in der Totalperiode –

---

[12] Vgl. *Kirchhof*, in: Kirchhof, EStG, § 2 Rn. 6; *Tipke*, Steuerrechtsordnung, Bd. II, S. 763.

[13] Vgl. *Lang*, in: Tipke/Lang, Steuerrecht, § 9 Rz. 54.

[14] Vgl. *Raupach/Schencking*, in: Herrmann/Heuer/Raupach, EStG/KStG, § 2 EStG Anm. 551; *Tipke*, Steuerrechtsordnung, Bd. II, S. 764.

[15] Während dieser prinzipiell dem Kalenderjahr entspricht (§ 2 Abs. 7 EStG), steht insbesondere auch Körperschaften die Möglichkeit offen, ein vom Kalenderjahr abweichendes Wirtschaftsjahr als individuellen steuerlichen Veranlagungszeitraum festzulegen (§ 4a Abs. 1 Satz 2 Nr. 2 EStG; § 7 Abs. 4 KStG).

[16] Vgl. *Tipke*, Steuerrechtsordnung, Bd. II, S. 755; *Lang*, in: Tipke/Lang, Steuerrecht, § 4 Rz. 120.

des Steuerpflichtigen,[17] muss eine periodenübergreifende Verlustberücksichtigung eine Glättung der Steuerlastspitzen ermöglichen.[18] Dies entspricht insbesondere auch dem Grundgedanken des Leistungsfähigkeitsprinzips bzw. dem objektiven Nettoprinzip[19] und findet seine gesetzliche Ausgestaltung in § 10d EStG.[20] Dem verfassungsrechtlich vorgegebenen Grundsatz der Besteuerung nach der Leistungsfähigkeit gemessen am Lebenseinkommen kommt damit letztlich eine größere Bedeutung zu, als der periodisierenden Abschnittsbesteuerung, da diese ein rein technisches Konstrukt darstellt und lediglich den Besteuerungsprozess vereinfachen soll.[21]

2. Überblick über die Verlustverrechnung im EStG

Neben der prinzipiengetreuen Rechtfertigung der Verlustverrechnung innerhalb des deutschen Steuersystems lassen sich nach der Systematik und einzelnen Normen des EStG zwei Arten der Verlustberücksichtigung differenzieren: der Verlustausgleich und der Verlustabzug.

a) Verlustausgleich

Der Verlustausgleich ist auf einfachgesetzlicher Ebene innerhalb des EStG nicht explizit normiert, sondern leitet sich vielmehr aus dem Wortlaut des § 2 Abs. 3 EStG ab, bei dem der Gesamtbetrag der Einkünfte die Summe über sämtliche Einkünfte bedeutet. Der Systematik des Gesetzes folgend werden positive und negative Einkünfte in Form von Verlusten innerhalb einer Einkunftsart – das heißt horizontal – sowie auch zwischen unterschiedlichen Einkunftsarten – das heißt vertikal – eines Besteuerungsabschnitts miteinander saldiert.[22] Übersteigen die negativen Einkünfte die positiven Einkünfte, so entsteht konsequenterweise ein

---

[17] Vgl. BFH v. 29.11.1965 – GrS 1/65, BStBl. III 1966, S. 142 f.; *Lang*, Bemessungsgrundlage der Einkommensteuer, S. 187; *Tipke*, Steuerrechtsordnung, Bd. II, S. 780.

[18] Vgl. *Jakob*, Einkommensteuer, Rn. 133; *Strnad*, Vererbung des Verlustabzuges, S. 34 ff.

[19] Vgl. *Lambrecht*, in: Kirchhof, EStG, § 10d Rn. 1; *Tipke*, Steuerrechtsordnung, Bd. II, S. 756.

[20] Siehe unten B I. 3. b).

[21] Vgl. *Herzig*, Verluste im Körperschaftsteuerrecht, in: DStJG 28/2005, S. 186; *Lang*, Bemessungsgrundlage der Einkommensteuer, S. 189 f.; *Lang*, in: Tipke/Lang, Steuerrecht, § 4 Rz. 18.

[22] Vgl. *Kirchhof*, in: Kirchhof, EStG, § 2 Rn 7.

negativer Gesamtbetrag der Einkünfte, welcher in diesem Veranlagungszeitraum nicht mehr berücksichtigt werden kann.[23]

b) Verlustabzug

Der Verlustabzug gemäß § 10d EStG normiert eine periodenübergreifende Verlustberücksichtigung und gliedert sich in zwei Unterfälle: den Verlustvortrag gemäß § 10d Abs. 1 Satz 1 EStG und den Verlustrücktrag gemäß § 10d Abs. 2 Satz 1 EStG. Ein eventuell verbleibender Verlust eines Veranlagungszeitraums, der nicht schon im Wege des Verlustausgleichs berücksichtigt werden kann (§ 10d Abs. 1 Satz 1 Hs. 1 EStG i.V.m. § 2 Abs. 3 Satz 1 EStG) ist gemäß § 10d Abs. 1 Satz 1 EStG bis zu einem Betrag i.H.v. 511.500,00 € mit Einkünften der unmittelbar vorangegangenen Steuerperiode zu verrechnen (Verlustrücktrag). Bleibt darüber hinaus ein Verlustrest übrig, so kann dieser gemäß § 10d Abs. 2 Satz 1 EStG unbeschränkt in den folgenden Veranlagungszeiträumen mit einem positiven Gesamtbetrag der Einkünfte saldiert werden (Verlustvortrag).[24] Zu beachten ist hierbei vor allem die zwingende Reihenfolge von vorrangig durchzuführendem Verlustausgleich, Verlustrücktrag und erst nachrangig möglichem Verlustvortrag.[25]

III. Problematik der Verlustverrechnung bei Rechtsnachfolge

Eine besonders problembehaftete Frage betrifft die Berücksichtigung von Verlusten im Fall der Rechtsnachfolge, welche zwei Aspekte aufweist. Neben der Problematik der Übertragung von Verlusten bei Rechtsnachfolge im Besonderen, ist im Vorfeld dazu die grundlegende Frage nach der prinzipiellen Behandlung der Rechtsnachfolge im Einkommensteuerrecht im Allgemeinen zu bedenken.

---

23 Vgl. *Jakob*, Einkommensteuer, Rn. 133.
24 Vgl. zu Einzelheiten u.a. *Jakob*, Einkommensteuer, Rn. 137 ff.; *Lambrecht*, in: Kirchhof, EStG, § 10d Rn. 6 ff.
25 Vgl. *Lang*, in: Tipke/Lang, Steuerrecht, § 9 Rz. 62.

1. Rechtsnachfolge im Einkommensteuerrecht

Die Grundsätze der Rechtsnachfolge im Einkommensteuerrecht werfen die Frage auf, ob Rechtsnachfolgetatbestände überhaupt steuerrechtliche Konsequenzen nach sich ziehen und welche einkommensteuerrechtlichen Positionen davon betroffen sein können.

a) Rechtsnachfolgetatbestand

Im zivilrechtlichen Kontext wird bezüglich der Rechtsnachfolge zwischen der Einzelrechtsnachfolge und der Gesamtrechtsnachfolge, der sogenannten Universalsukzession, unterschieden. Während bei der Einzelrechtsnachfolge einzelne Rechte gesondert auf den Nachfolger übergehen, tritt bei einer Gesamtrechtsnachfolge der Rechtsnachfolger in jegliche rechtliche Stellung des Vorgängers ein.[26] Die Verwirklichung eines zivilrechtlichen Tatbestands der Rechtsnachfolge führt dabei nur dann zu steuerrechtlichen Konsequenzen, wenn dies für die Einzelrechtsnachfolge im Steuerrecht explizit normiert ist oder für die Gesamtrechtsnachfolge der zivilrechtliche Tatbestand über den Verweis in § 45 AO steuerrechtliche Auswirkungen begründet.[27] Dies hängt letztlich davon ab, welche einkommensteuerlichen Positionen überhaupt nachfolgefähig sind und entscheidet auch schlussendlich darüber, ob insbesondere auch Verluste mit steuerlicher Wirkung und Anerkennung übertragen werden können.

b) Rechtsnachfolgefähigkeit

Ist die Nachfolgefähigkeit einer steuerrechtlichen Position nicht schon gesetzlich ausgeschlossen oder vorgeschrieben, so ist sie grundsätzlich davon abhängig, ob es sich dabei um ein höchstpersönliches Recht handelt.[28] Da höchstpersönliche Rechte zwingend mit dem betroffenen Rechtssubjekt verbunden sind, können sie nicht durch Rechtsnachfolge übergehen.[29] Diese Thematik hat der Gesetzgeber

---

[26] Vgl. *Heinrich*, Verluste im Fall der Rechtsnachfolge und des Gesellschafterwechsels, in: DStJG 2005, S. 133; *Vogt*, Rechtsnachfolge im Steuerrecht, S. 23 f.

[27] Vgl. *Heinrich*, Verluste im Fall der Rechtsnachfolge und des Gesellschafterwechsels, in: DStJG 2005, S. 134; *Vogt*, Rechtsnachfolge im Steuerrecht, S. 39 ff.

[28] Vgl. *Vogt*, Rechtsnachfolge im Steuerrecht, S. 42.

[29] Vgl. *Edenhofer*, in: Palandt, BGB, § 1922 Rn. 36 ff.

nicht direkt normiert,[30] weshalb sich die Rechtsprechung schon seit Jahrzehnten mit der Frage der Übertragbarkeit von nicht genutzten steuerlichen Verlusten auf einen dritten Steuerpflichtigen beschäftigt.

2. Meinungsstand der Rechtsprechung zur Verlustberücksichtigung bei Rechtsnachfolge

Im Zusammenhang mit der Verlustberücksichtigung bei Rechtsnachfolge ist allein die Tatsache unbestritten, dass Verluste grundsätzlich nur von dem Steuerpflichtigen geltend gemacht werden können, welcher sie auch generiert hat, da der Begriff des steuerlichen Verlustes „personenbezogen"[31] anzuwenden ist.[32] Dies kann alternativ auch aus § 2 Abs. 1 EStG abgeleitet werden, in dem explizit von Einkünften die Rede ist, welche „der" Steuerpflichtige erzielt.[33]

a) Verlustausgleich bei Übertragung durch Rechtsgeschäft

Ein Vor- oder Rücktrag steuerlich noch nicht genutzter Verluste entzieht sich prinzipiell privater Verfügung. Er kann somit insbesondere nicht durch Rechtsgeschäft auf einen Dritten übertragen werden,[34] was den personenbezogenen Charakter der steuerlichen Verluste widerspiegelt.

b) Verlustabzug im Erbfall

Anders gestaltet sich die Frage der Übertragbarkeit eines Verlustabzuges bei Rechtsnachfolge im Erbfall, mithin die Frage, ob der Erbe als Gesamtrechtsnachfolger nicht genutzte Verluste des Erblassers übernehmen und diese mit seinen eigenen Einkünften saldieren kann.[35] Diese Thematik ist geprägt von der Recht-

[30] Vgl. *Heinrich*, Verluste im Fall der Rechtsnachfolge und des Gesellschafterwechsels, in: DStJG 2005, S. 137; *Gleumes*, Interpersonale Übertragung des Verlustabzugs, S. 5 ff.; *Vogt*, Rechtsnachfolge im Steuerrecht, S. 144.

[31] *Heinicke,* in: Schmidt, EStG, § 10d Rn. 12.

[32] Vgl. BFH v. 27.10.1994 – I R 60/94, BStBl. II 1995, S. 326; BFH v. 28.7.2004 – XI R 54/99, BStBl. II 2005, S. 265.

[33] Vgl. *Kempermann*, Verlustausweis-Bemessungsgrundlage-Verlustberücksichtigung, in: DStJG 2005, S. 107; *Kirchhof,* in: Kirchhof, EStG, § 2 Rn. 67 f.

[34] Vgl. BFH v. 17.7.1991 – I R 74 75/90, BStBl. II 1991, S. 900; *Heinicke,* in: Schmidt, EStG, § 10d Rn. 14.

[35] Vgl. *Strnad*, FR 1998, S. 935.

sprechung des BFH,[36] welche aktuell in einer mehr oder weniger überraschenden Wende der Argumentation der ständigen Rechtsprechung gipfelt.
Zur Beurteilung der Höchstpersönlichkeit des Verlustabzuges hat der BFH in seinem Urteil vom 22.6.1962[37] grundlegende Weichen gesetzt. Er bejaht die Vererblichkeit eines noch nicht genutzten Verlustvortrags, „soweit der Erblasser ihn noch hätte geltend machen können".[38] Dieses Kriterium stützt der BFH auf die Ansicht, dass die Rechtswirkung der Universalsukzession des § 1922 BGB auch im steuerlichen Bereich wirke. Überdies sieht er in der Einräumung eines Verlustabzuges gemäß § 10d EStG einen „gewissen Ausgleich"[39] im Rahmen der Gewinnermittlung und kein höchstpersönliches, also nachfolgefähiges Recht. Es bleibt als Hauptaussage dieses grundlegenden Urteils festzuhalten, dass nicht genutzte, dem Erblasser zustehende Verlustabzüge grundsätzlich vererblich sind, sofern „der Verlust auch wirklich" vom Erben und Erblasser „getragen wird".[40]
Im Jahr 1972 folgte der BFH konsequent seiner Argumentation und wandte sie sogar auf die Frage der Vererblichkeit eines innerperiodischen Verlustausgleichs gemäß § 2 Abs. 3 EStG[41] im Todesjahr des Erblassers an.[42] In den folgenden Jahren erwuchs diese Meinung durch mehrfache Bestätigung zur ständigen Rechtsprechung,[43] welcher sich auch die Finanzverwaltung anschloss.[44]

Aktuell hat die Problematik der Vererblichkeit des Verlustabzugs nach § 10d EStG wieder an Brisanz zugelegt, da der BFH mit seiner bisherigen Rechtsprechung gebrochen hat. Mit seinem Urteil vom 17.12.2007 verwirft er die von ihm bis zu diesem Zeitpunkt vertretene Ansicht und verneint die Vererblichkeit des Verlustabzugs.[45] Er stützt dies u.a. auf das Grundprinzip der Besteuerung nach der persönlichen Leistungsfähigkeit im Rahmen der Einkommensteuer und betont hierbei deren Charakter als Personensteuer. Daraus folgert der Große Senat

36 Vgl. *Strnad*, Vererbung des Verlustabzuges, S. 45.
37 Vgl. BFH v. 22.6.1962 – VI 49/61 S, BStBl. III 1962, S. 386 f.
38 BFH v. 22.6.1962 – VI 49/61 S, BStBl. III 1962, S. 387.
39 BFH v. 22.6.1962 – VI 49/61 S, BStBl. III 1962, S. 387.
40 BFH v. 22.6.1962 – VI 49/61 S, BStBl. III 1962, S. 387.
41 Siehe oben B. I. 3. a).
42 Vgl. BFH v. 17.5.1972 – I R 126/70, BStBl. II 1972, S. 622.
43 Vgl. BFH v. 16.5.2001 – I R 76/99, BStBl. II 2002, S. 487 ff.; *Gleumes*, Interpersonale Übertragung des Verlustabzugs, S. 8 m.w.N.; *Vogt*, Rechtsnachfolge im Steuerrecht, S. 152 m.w.N.
44 Vgl. BMF-Schreiben v. 26.7.2002 – A 5 – S 2225 – 2/02, BStBl. I 2002, S. 667; *Kirchhof*, in: Kirchhof, EStG, § 2 Rn. 110.
45 Vgl. BFH v. 17.12.2007 – GrS 2/04, DStR 2008, S. 545 ff.

des BFH, dass die individuelle Leistungsfähigkeit eines Steuerpflichtigen mit dessen Tod, also dem Ende der Erzielung seines Lebenseinkommens, beendet wird und aufgrund ihrer Personenbezogenheit nicht auf den Erben, also ein anderes Rechtssubjekt, übergehen kann.[46] Somit ist der höchstpersönliche Charakter des Verlustabzugs bestätigt, was folglich jegliche Übertragbarkeit auf einen Dritten ausschließt.[47]

IV. Verlustverrechnungsbeschränkung bei Körperschaften

Auch die Besteuerung nach dem KStG ist an grundlegenden Besteuerungsprinzipien ausgerichtet.

1. Eckdaten der Besteuerung nach dem KStG

Das KStG regelt die Besteuerung von Körperschaften, Personenvereinigungen und Vermögensmassen (§ 1 Abs. 1 KStG) in Abgrenzung zur Besteuerung von natürlichen Personen, die gemäß § 1 Abs. 1 Satz 1 EStG der Einkommensteuer unterliegen. Dabei weist das Körperschaftsteuerrecht als grundlegende Besonderheit den Körperschaften eigenständigen Steuersubjektcharakter zu. Während Einkünfte von Personengesellschaften direkt den beteiligten Gesellschaftern zugerechnet und folglich mit Einkommensteuer belastet werden (Transparenzprinzip), ist die Körperschaft selbst Steuerpflichtige und muss für die von ihr erzielten Einkünfte Körperschaftsteuer abführen.[48] Hierbei werden die Besteuerungsebenen von Körperschaft und Anteilseigner gemäß dem körperschaftsteuerrechtlichen Trennungsprinzip streng voneinander separiert. Folglich kommt eine Besteuerung der Einkünfte der Körperschaft auf Ebene des Anteilseigners nur bei einer Gewinnausschüttung in Betracht.[49] Somit lässt sich zusammenfassend festhalten, dass die von der Körperschaft erzielten Einkünfte ausschließlich ihr zugerechnet werden und erst über Leistungsbeziehungen, beispielsweise in Form von Gewinnausschüttungen, auf die Ebene der Anteilseigner gelangen können.

---

46 Vgl. BFH v. 17.12.2007 – GrS 2/04, DStR 2008, S. 548.
47 Siehe oben B. II. 1. b).
48 Vgl. *Frotscher*, KSt/GewSt, Rn. 1.
49 Vgl. *Hey*, in: Tipke/Lang, Steuerrecht, § 11 Rz. 1.

2. Grundzüge der Verlustermittlung nach dem KStG

Da auf Grundlage des Trennungsprinzips alle körperschaftlichen Einkünfte ausnahmslos der Körperschaft als eigenständiges Steuersubjekt zugerechnet werden, gilt dies auch für negative Einkünfte, also Verluste. Anteilseigner können somit Verluste der Körperschaft nicht mit ihren eigenen Einkünften verrechnen,[50] da diese ganz im Gegensatz zu Gewinnen nicht ausgeschüttet werden können.[51] Sie verbleiben auf der Ebene der Körperschaft und unterliegen grundsätzlich der Regelung der Verlustverrechnung nach den Vorschriften des EStG (§ 10d EStG) über den Verweis in § 8 Abs. 1 KStG.

3. Einschränkung des Verlustabzugs im KStG

Dennoch enthält das KStG vor dem Hintergrund besonderer Rechtfertigungsgründe eine Einschränkung der prinzipiengetreuen Verlustverrechnungsmöglichkeit für spezielle Fallkonstellationen des sogenannten Mantelkaufs.

a) Darstellung der Mantelkaufproblematik

Aufbauend auf der steuerlichen Eigenständigkeit von Körperschaften ist es diesen grundsätzlich möglich, nicht genutzte steuerliche Verlustvorträge auch nach einem Wechsel im Anteilseignerbestand mit erzielten positiven Einkünften zu verrechnen. Denn rechtlich gesehen besteht die Körperschaft, welche die Verluste tatsächlich erlitten hat, auch unter veränderten Beteiligungsverhältnissen als solche weiter.[52] Sie wechselt zwar ihre Teilhaber, was jedoch aufgrund der abschirmenden Wirkung des körperschaftsteuerlichen Trennungsprinzips keine Konsequenzen auf der Ebene der Körperschaft hat.[53] Immerhin stellt die Körperschaft für rechtliche und insbesondere auch für steuerliche Zwecke ein eigenständiges Subjekt dar.

Diese Systematik eröffnet Unternehmen, welche gemäß § 1 Abs. 1 KStG der Körperschaftsteuer unterliegen, die Möglichkeit, Anteile an verlustreichen

---

[50] Vgl. *Frotscher*, KSt/GewSt, Rn. 2.
[51] Ausnahme dazu bei Liquidation der Gesellschaft (§ 17 Abs. 4; § 3 Nr. 40 lit. c; § 3c EStG).
[52] Vgl. *Vogl*, in: Köllen/Vogl/Wagner, Lehrbuch KSt, Rn. 770.
[53] Vgl. *Frotscher*, KSt/GewSt, Rn. 185.

Körperschaften zu erwerben, um deren Verlustvorträge zu ihrem steuerlichen Vorteil zu nutzen. Meist ist diese Nutzungsabsicht losgelöst von der Motivation, das operative Geschäft der betroffenen Körperschaft fortzuführen (Mantelkauf). Man spricht hier vom Handel mit sogenannten Verlustmänteln, bei dem Körperschaften vorrangig wegen ihrer hohen noch nicht steuerlich genutzten Verluste erworben werden.[54] Zwar gehen in diesem Zusammenhang die steuerlichen Verluste rechtlich nicht auf den Erwerber über, es ändert sich jedoch die Identität desjenigen, der die steuerlichen Verluste wirtschaftlich betrachtet nutzen kann. Immerhin trifft ökonomisch gesehen die steuerliche Entlastung durch die Verrechnungsmöglichkeit von Verlusten in Fällen des Mantelkaufs nicht den Steuerpflichtigen, welcher die Verluste auch ursprünglich tatsächlich erlitten hat. Vielmehr kann hierbei ein an den negativen Auswirkungen der Verlustentstehung nicht beteiligter neuer Anteilseigner der Verlustkörperschaft den steuerlichen Vorteil der Saldierung der Verluste mit positiven Einkünften ausschöpfen.

Da dies faktisch die Möglichkeit der Veräußerung von körperschaftsteuerlichen Verlustvorträgen darstellt, sah sich der Gesetzgeber gezwungen eine entsprechende Verlustverrechnungsbeschränkung im KStG zu normieren. Dies stützte er insbesondere auf die grundlegende Zielsetzung der Rechtsformneutralität der Unternehmensbesteuerung, da eine Übertragbarkeit von Verlusten eines Einzelunternehmers außer im Erbfall nicht möglich ist.[55] Überdies hat der BFH schon in den Jahren 1958 und 1961 Mantelkaufkonstellationen, welche durch ungewöhnliche Sachverhaltsgestaltungen der Steuerumgehung dienen, als missbräuchliche Gestaltungen angesehen und ihnen die steuerliche Anerkennung versagt.[56] Vielmehr ging der BFH sodann im Zusammenhang mit diesen Sachverhalten für steuerliche Zwecke von der für die jeweilige Situation gewöhnlichen Gestaltung aus, im Rahmen derer Verlustvorträge ohnehin verfallen.[57] Durch die Mantelkaufregelung wird nun ein vergleichbares Ergebnis erzielt, da Verlustvorträge in Fällen des Mantelkaufs erlöschen und somit für eine weitere Verrechnung insbesondere durch den im Zeitpunkt der Entstehung der Verluste durch selbige wirtschaftlich nicht belasteten Anteilseigner nicht mehr zur

---

54 Vgl. *Birk*, Steuerrecht, Rn. 1085.
55 Vgl. BT-Drs. 11/2157, S. 171.
56 Vgl. BFH v. 27.9.1961 – I 6/60 U, BStBl. III 1961, S. 543; BFH v. 8.1.1958 – I 131/57, BStBl. III 1958, S. 99 f.
57 Vgl. BFH v. 8.1.1958 – I 131/57, BStBl. III 1958, S. 99.

Verfügung stehen.[58] Aktuell stellt die Mantelkaufregelung im Verhältnis zur allgemeinen Missbrauchsregelung des § 42 Abs. 2 AO eine spezialgesetzliche Missbrauchsvorschrift dar und ist gemäß § 42 Abs. 1 Satz 2 AO vorrangig anzuwenden.[59]

b) Rechfertigung der Mantelkaufregelung

Die Rechtfertigung eines solch gravierenden Eingriffs in die körperschaftsteuerliche Verlustverrechnung scheint schwierig, da er offensichtlich gegen grundlegende steuersystematische Prinzipien des KStG verstößt.[60] Durch die durchgreifende Wirkung einer rechtlichen Änderung auf Gesellschafterebene auf die Ebene der Gesellschaft wird das Trennungsprinzip durchbrochen.[61] Ferner steht das Verlustabzugsverbot augenscheinlich im Widerspruch zu einer leistungsgerechten Besteuerung nach dem verfassungsrechtlich normierten objektiven Nettoprinzip.[62]
Folglich muss ein besonderer Rechtfertigungsgrund gegeben sein, der vorliegend maßgeblich aus dem Normzweck der Vermeidung von missbräuchlichen Steuerumgehungen beim Mantelkauf, welche zu wirtschaftlich ungerechten Ergebnissen führen, abgeleitet werden kann.[63] Dabei wird die Rechtfertigung insbesondere auf das Merkmal der wirtschaftlichen Identität der Körperschaft gestützt, da an diesem eine missbräuchliche Gestaltung, wie sie durch die Mantelkaufregelung verhindert werden soll, nach Ansicht des Gesetzgebers typisierend gemessen werden kann.[64]
Daneben bestehen auch steuersystematische Argumente, welche die Mantelkaufregelung rechfertigen. Insbesondere vor dem Hintergrund des Grundsatzes der Individualbesteuerung ist das Verlustabzugsverbot bei einem Wechsel der Anteilseigner steuersystematisch konsequent.[65] Zu demselben Ergebnis führt auch die Anwendung der Argumentation der aktuellen Rechtsprechung des BFH zur Vererblichkeit von Verlustvorträgen.[66] Kombiniert man in diesem Zusammenhang die Betonung der

---

58 Vgl. *Birk*, Steuerrecht, Rn. 1085; *Frotscher*, KSt/GewSt, Rn. 185.

59 Vgl. *Schloßmacher,* in: Herrmann/Heuer/Raupach, EStG/KStG, § 8 KStG Anm. 413; *Suchanek*, in: Herrmann/Heuer/Raupach, EStG/KStG, § 8c KStG Anm. J 07-4; *Drüen*, in: Tipke/Kruse, AO/FGO, Vor § 42 AO Tz. 11.

60 Siehe unten C. IV. 1.

61 Vgl. *Frotscher*, KSt/GewSt, Rn. 186; *Hey*, in: Tipke/Lang, Steuerrecht, § 11 Rz. 58.

62 Vgl. *Hans*, FR 2007, S. 779 f.; *Hey*, BB 2007, S. 1306 f.; *Zerwas/Fröhlich*, DStR 2007, S. 1935.

63 Vgl. BT-Drs. 11/2157, S. 171; BT-Drs. 16/5377, S. 24; BFH v. 14.3.2006 – I R 8/05, DStR 2006, S 1079; BFH v. 5.6.2007 – I R 9/06, DStR 2007, S. 2155.

64 Vgl. *Hey*, in: Tipke/Lang, Steuerrecht, § 11 Rz. 58; *Wiese*, DStR 2007, S. 741 f.

65 Vgl. *Eckhoff*, Verluste im Einkommensteuerrecht, in: DStJG 2005, S. 23.

66 Siehe oben B. II. 2. b).

Personenbezogenheit von Verlusten mit der wirtschaftlichen Zuordnung zum Anteilseigner so stellt die Versagung des Verlustabzugs eine folgerichtige Behandlung von Konstellationen des Mantelkaufs dar. Schließlich bleiben jedoch schwerwiegende verfassungsrechtliche Bedenken zum Verlustabzugsverbot der Mantelkaufregelung weiter bestehen, wie in der Literatur[67] immer wieder vorgebracht wird.

V. Zwischenergebnis

Zusammenfassend lässt sich festhalten, dass innerhalb des deutschen Steuersystems die Berücksichtigung von Verlusten dem Prinzip der Besteuerung nach der individuellen Leistungsfähigkeit, insbesondere nach dem objektiven Nettoprinzip, folgt. Die zeitliche Messlatte wird dabei durch die Totalperiode der Einkünfteerzielung des Steuerpflichtigen und seinem darin generierten Lebenseinkommen festgelegt. Folglich liegt eine Vielzahl steuerrechtlich diskutierter Fragen in der Thematik der Abgrenzung der Begriffe „Totalperiode" und „Lebenseinkommen", sowie in der damit zusammenhängenden gerechten Besteuerung nach der individuellen Leistungsfähigkeit.[68] Exakt im kritischen Bereich dieses Abgrenzungsproblems befindet sich auch die von der Rechtsprechung geprägte Frage der ertragsteuerlichen Nachfolgefähigkeit von Verlusten. Aktuell vertritt die Rechtsprechung dazu die Ansicht, dass aufgrund der Personenbezogenheit von Verlusten deren Nachfolgefähigkeit im Erbfall zu verneinen ist. Auch im Bereich der Körperschaftsteuer wird durch die Verlustabzugsbeschränkung der Mantelkaufregelung die Übertragbarkeit von Verlusten bei Rechtsnachfolge ausgeschlossen und damit grundlegende, teilweise verfassungsrechtlich vorgegebene Besteuerungsprinzipien durchbrochen. Ob dies vor dem Hintergrund der Vermeidung missbräuchlicher Steuerumgehungsgestaltungen von Unternehmenstransaktionen zu rechtfertigen ist, ist in der Literatur aktuell höchst umstritten.

---

[67] Vgl. *Dörfler/Wittkowski*, GmbHR 2007, S. 513 ff.; *Hey*, BB 2007, S. 1303 ff.; *Wiese*, DStR 2007, S. 741 ff.

[68] Vgl. *Eckhoff*, Verluste im Einkommensteuerrecht, in: DStJG 2005, S. 24; *Lang*, Bemessungsgrundlage der Einkommensteuer, S. 167 ff.; *von Groll*, Resümee, in: DStJG 2005, S. 338 ff.

C. Neuregelung des § 8c KStG

Gegenwärtig hat die Problematik der Mantelkaufregelung durch die Einführung des neuen § 8c KStG im Rahmen der Unternehmensteuerreform 2008 erneut an Bedeutung und Aktualität gewonnen.

I. Gesetzessystematische Stellung

Basierend auf einer grundlegenden Entscheidung der Rechtsprechung des BFH zur Verlustnutzung bei Körperschaften kam die Problematik um den Mantelkauf vor zwei Jahrzehnten ins Rollen und bleibt bis heute aus steuerrechtlicher Sicht höchst umstritten.

1. Historische Entwicklung der Mantelkaufregelung

Der Regelungsbedarf für die steuerliche Geltendmachung von Verlusten in Fällen des Mantelkaufs wurde erstmals im Rahmen der Steuerreform im Jahr 1990 erkannt und normativ umgesetzt.[69] Zuvor war im Jahr 1986 die Basis missbräuchlicher Gestaltungsmöglichkeiten der steuerlichen Verlustnutzung bei Unternehmenskäufen im körperschaftsteuerlichen Bereich gelegt worden, indem der BFH in seinem Beschluss vom 29.10.1986 entschied, den Abzug noch nicht genutzter Verluste zuzulassen „ohne dass es auf die wirtschaftliche Identität“ der Körperschaft „ankommt“.[70] Die rechtsgeschäftliche Übertragung von Verlusten wurde somit möglich. Da dies bei Personengesellschaften und Einzelunternehmen aufgrund der Personenbezogenheit von Verlusten in dieser Weise grundsätzlich nicht möglich war und ist,[71] sah der Gesetzgeber die Notwendigkeit der Beschränkung dieses körperschaftsteuerlichen Vorteils.[72] In den folgenden Jahren wurde die Mantelkaufregelung bis zu der bis 2007 gültigen Fassung des § 8 Abs. 4 KStG a.F. mehrmals geändert und ist in ihrer Wirkung, den Verlustabzug zu beschränken, weiter verstärkt worden.[73]

---

69 Vgl. *Benz/Rosenberg*, in: Blumenberg/Benz, Die Unternehmensteuerreform 2008, S. 172.
70 BFH v. 29.10.1986 – I R 202/82, BStBl. II 1987, S. 310.
71 Siehe oben B. II. 2. a).
72 Vgl. BT-Drs. 11/2157, S. 171.
73 Vgl. *Benz/Rosenberg*, in: Blumenberg/Benz, Die Unternehmensteuerreform 2008, S. 172 f.; *Frotscher*, KSt/GewSt, Rn. 185.

2. Vorgängerregelung § 8 Abs. 4 KStG a.F.

Die Vorgängerregelung des § 8 Abs. 4 KStG a.F. zur neu eingeführten Mantelkaufregelung des § 8c KStG setzt der allgemeinen Verlustverrechnung bei der Ermittlung der Einkünfte von Körperschaften i.S. des § 1 Abs. 1 KStG Grenzen.[74]

a) Tatbestand

Um einen Verlustabzug gemäß § 10 d EStG bei einer Körperschaft geltend machen zu können, mussten bis zum Veranlagungszeitraum 2007 die zusätzlichen Voraussetzungen des § 8 Abs. 4 KStG a.F. vorliegen. Dieser macht die Verlustverrechnung von

der rechtlichen Identität und

der wirtschaftlichen Identität

der Körperschaft abhängig (§ 8 Abs. 4 Satz 1 KStG a.F.).

Indem die rechtliche Identität regelmäßig bei Änderungen im Anteilseignerbestand gewährleistet ist,[75] hängt die Möglichkeit der Verlustverrechnung somit maßgeblich von der wirtschaftlichen Identität der Körperschaft ab.

(1) Wirtschaftliche Identität

Ob die wirtschaftliche Identität einer Körperschaft über gewisse unternehmerische Transaktionen hinaus gewahrt bleibt, ist weit schwieriger festzustellen als die Wahrung der rein rechtlichen Identität.[76] Trotzdem hat der Gesetzgeber auf eine gesetzlich normierte Definition der wirtschaftlichen Identität verzichtet und gibt dafür lediglich ein negativ abgrenzendes Legalbeispiel (§ 8 Abs. 4 Satz 2 KStG a.F.):[77] Die wirtschaftliche Identität soll vor allem dann nicht gewahrt sein, wenn mehr als 50 % der Anteile an der betrachteten Körperschaft[78] übertragen werden und der

---

74 Vgl. ausführlicher dazu *Rengers*, in: Blümich, EStG/KStG/GewStG, § 8 KStG Rn. 901 ff.; *Schloßmacher*, in: Herrmann/Heuer/Raupach, EStG/KStG, § 8 KStG Anm. 420 ff.; *Vogl*, in: Köllen/Vogl/Wagner, Lehrbuch KSt, Rn. 769 ff.

75 Siehe oben B. III. 3. a).

76 Vgl. *Avella/Ziegler*, StC 10/2008, S. 24.

77 Vgl. *Rengers*, in: Blümich, EStG/KStG/GewStG, § 8 KStG Rn. 918.

78 Vgl. zur Anwendung des § 8 Abs. 4 Satz 2 KStG a.F. auf alle Körperschaften BMF-Schreiben v. 16.4.1999 – IV C 6 – S 2745 – 12/99, BStBl. I 1999, S. 457 Tz. 24; *Schloßmacher*, in: Herrmann/Heuer/Raupach, EStG/KStG, § 8 KStG Anm. 421 m.w.N.

Körperschaft zur Fortführung oder Wiederaufnahme des Geschäftsbetriebs überwiegend neues Betriebsvermögen zugeführt wird, wobei beide Tatbestandsmerkmale kumulativ erfüllt sein müssen. Überdies muss laut Rechtsprechung des BFH zwischen der Anteilsübertragung und der Betriebsvermögenszuführung ein sachlicher, sowie auch ein zeitlicher Zusammenhang gegeben sein, da nur eine Verbindung der beiden Merkmale den Verlust der wirtschaftlichen Identität darstellen kann.[79]

(a) Übertragung von mehr als der Hälfte der Anteile

Die Mantelkaufregelung des § 8 Abs. 4 Satz 2 KStG stellt eine direkte Verbindung zwischen der wirtschaftlichen Identität der Körperschaft und dem Anteilseignerbestand her, indem sie die wirtschaftliche Identität ablehnt, sobald mehr als 50 % der Anteile an einer Körperschaft übertragen werden. Dabei ist der Anteil am Nennkapital der Körperschaft für die Bestimmung der maßgeblichen Beteiligungsquote zu verwenden.[80] Als Anteilsübertragung i.S. des § 8 Abs. 4 KStG a.F. gilt die entgeltliche sowie die unentgeltliche Übertragung auch im Zuge der vorweggenommenen Erbfolge, jedoch nicht die Übertragung durch Erbfall oder im Rahmen einer Erbauseinandersetzung.[81] Dabei bleibt es ohne Bedeutung, wie die Erwerberstruktur beschaffen ist und inwiefern der oder die Erwerber vor der Übertragung schon am Kapital der Körperschaft beteiligt war, solange insgesamt mehr als 50 % der Anteile übertragen werden.[82] Vollständig unerheblich für die Bestimmung der übertragenen Anteilsquote sind mittelbare Anteilsübertragungen, da der BFH letztlich entgegen der Auffassung der Finanzverwaltung[83] entschieden hat, ausschließlich die Übertragung unmittelbarer Beteiligungen für die Verlustabzugsversagung zu berücksichtigen.[84]

---

79 Vgl. BFH v. 14.3.2006 – I R 8/05, BStBl. II 2007, S. 605 m.w.N.

80 Vgl. BMF-Schreiben v. 16.4.1999 – IV C 6 – S 2745 – 12/99, BStBl. I 1999, S. 455 Tz. 3; *Vogl*, in: Köllen/Vogl/Wagner, Lehrbuch KSt, Rn. 772.

81 Vgl. BMF-Schreiben v. 16.4.1999 – IV C 6 – S 2745 – 12/99, BStBl. I 1999, S. 455 Tz. 4.

82 Vgl. BFH v. 20.8.2003 – I R 81/02, BStBl. II 2004, S. 616; BMF-Schreiben v. 16.4.1999 – IV C 6 – S 2745 – 12/99, BStBl. I 1999, S. 455 Tz. 5.

83 Vgl. BMF-Schreiben v. 16.4.1999 – IV C 6 – S 2745 – 12/99, BStBl. I 1999, S. 457 Tz. 28.

84 Vgl. BFH v. 20.8.2003 – I R 61/01, BStBl. II 2004, S. 618.

(b) Zuführung von überwiegend neuem Betriebsvermögen

Daneben muss der Körperschaft kumulativ zum Vorliegen eines mehr als die Hälfte der Anteile übertragenden Vorgangs überwiegend neues Betriebsvermögen zugeführt werden. Unter dem Begriff des Betriebsvermögens wird von Rechtsprechung und Finanzverwaltung gleichermaßen das Aktivvermögen der Körperschaft verstanden.[85] Um zu klären, ob überwiegend neues Betriebsvermögen zugeführt worden ist, muss eine Vergleichsrechnung aufgestellt werden, bei der das ursprüngliche Betriebsvermögen mit dem neu zugeführten verglichen wird.[86] Dabei stellt der Zeitpunkt der schädlichen Anteilsübertragung den Bezugspunkt der vergleichenden Betrachtung dar.[87] Zu diesem Zeitpunkt liegt sodann nach Ansicht der Finanzverwaltung überwiegend neu zugeführtes Betriebsvermögen vor, wenn innerhalb von fünf Jahren[88] nach Anteilsübertragung „das über Einlagen und Fremdmittel zugeführte bzw. finanzierte Aktivvermögen das im Zeitpunkt der Anteilsübertragung vorhandene Aktivvermögen übersteigt".[89] In diesem Zusammenhang fällt der Begriff der Saldotheorie, welche besagt, dass der wertmäßige Saldo aller Zugänge und Abgänge einzelner bilanzieller Aktivposten innerhalb des zu betrachtenden Zeitraums dem zugeführten Betriebsvermögen entspricht.[90] Diese Methode ist auch nach Ansicht der Finanzverwaltung anzuwenden.[91] Der BFH hingegen vertritt die Auffassung in diesem Zusammenhang sinnvollerweise eine gegenständliche Betrachtungsweise zu gebrauchen, bei der das jeweilige Wirtschaftsgut bezüglich seiner Zugehörigkeit zum Betriebsvermögen der Körperschaft vor und nach der Anteilsübertragung zu beleuchten ist.[92]

---

85 Vgl. BMF-Schreiben v. 16.4.1999 – IV C 6 – S 2745 – 12/99, BStBl. I 1999, S. 456 Tz. 9; BFH v. 5.6.2007 – I R 9/06, DStR 2007, S. 2154; ausführlicher zur Bewertung des Aktivvermögens *Schloßmacher*, in: Herrmann/Heuer/Raupach, EStG/KStG, § 8 KStG Anm. 451 ff.; *Rengers*, in: Blümich, EStG/KStG/GewStG, § 8 KStG Rn. 936 ff.

86 Vgl. *Schloßmacher*, in: Herrmann/Heuer/Raupach, EStG/KStG, § 8 KStG Anm. 453; *Vogl*, in: Köllen/Vogl/Wagner, Lehrbuch KSt, Rn. 781 ff.

87 Vgl. BMF-Schreiben v. 16.4.1999 – IV C 6 – S 2745 – 12/99, BStBl. I 1999, S. 456 Tz. 9.

88 Vgl. BMF-Schreiben v. 16.4.1999 – IV C 6 – S 2745 – 12/99, BStBl. I 1999, S. 456 Tz. 12.

89 BMF-Schreiben v. 16.4.1999 – IV C 6 – S 2745 – 12/99, BStBl. I 1999, S. 456 Tz. 9.

90 Vgl. *Schloßmacher*, in: Herrmann/Heuer/Raupach, EStG/KStG, § 8 KStG Anm. 453.

91 Vgl. BMF-Schreiben v. 16.4.1999 – IV C 6 – S 2745 – 12/99, BStBl. I 1999, S. 456 Tz. 9.

92 Vgl. BFH v. 8.8.2001 – I R 29/00, BStBl. II 2002, S. 394; BFH v. 5.6.2007 – I R 106/05, DStR 2007, S. 1765 m.w.N.

(2) Sanierungsfälle

Die Vorgängerregelung zum Mantelkauf enthält zudem eine Ausnahmeklausel für Anteilserwerbe in Sanierungsfällen (§ 8 Abs. 4 Satz 3 KStG a.F.), bei denen der Verlustabzug sodann unter bestimmten Voraussetzungen nicht gemäß § 8 Abs. 4 Satz 1 KStG a.F. versagt wird. Danach ist eine Betriebsvermögenszuführung dann nicht schädlich, wenn sie ausschließlich Sanierungszwecken dient und der verlustverursachende Geschäftsbetrieb durch den oder die Erwerber vergleichbar wie bisher in den folgenden fünf Jahren weitergeführt wird.

(3) Umfang der Verlustverrechnungsbeschränkung

Ist die wirtschaftliche Identität einer Körperschaft i.S. des § 8 Abs. 4 KStG a.F. nicht gewahrt, so ist ein Verlustabzug nach § 10d EStG nicht mehr möglich (§ 8 Abs. 4 Satz 1 KStG a.F.). Die Finanzverwaltung vertritt hierzu die Meinung, dass alle Verluste, welche bis zum Zeitpunkt des Bruchs der wirtschaftlichen Identität entstanden sind, von der Abzugsbeschränkung der Mantelkaufregelung mit später erwirtschafteten Gewinnen betroffen sind. Somit sind Verluste, die erst nach diesem Ereignis entstehen, sodann weiterhin abzugs- und ausgleichsfähig.[93] Im Gegensatz dazu ist der BFH der Auffassung, dass dies schon bezogen auf den Zeitpunkt der Anteilsübertragung in der soeben genannten Weise zu handhaben ist.[94] Da jedoch erst zu einem späteren Zeitpunkt anhand des Tatbestandsmerkmals der Zuführung überwiegend neuen Betriebsvermögens festgestellt werden kann, ob die wirtschaftliche Identität tatsächlich nicht gewahrt wurde, würde die Ansicht des BFH zu einer rückwirkenden Beschränkung der Verlustverrechnung führen.[95] Unterschiede im steuerlichen Ergebnis dieser konträren Ansichten ergeben sich somit ausschließlich bei Vorliegen von Verlusten, welche zwischen den Ereignissen des schädlichen Anteilserwerbs und der Zuführung überwiegend neuen Betriebsvermögens entstanden sind. Kommt die Auslegung der Finanzverwaltung zur Anwendung, so können diese Verluste mit nach dem wirtschaftlichen Identitätsverlust erwirtschafteten Gewinnen nicht mehr ausgeglichen werden. Der

93 Vgl. BMF-Schreiben v. 16.4.1999 – IV C 6 – S 2745 – 12/99, BStBl. I 1999, S. 458 Tz. 33.
94 Vgl. BFH v. 5.6.2007 – I R 9/06, DStR 2007, S. 2155.
95 Vgl. *Avella/Ziegler*, StC 10/2008, S. 25.

BFH hingegen lässt dies zu, da er die Grenze des Verlustverrechnungsverbots des § 8 Abs. 4 KStG auf den früheren Zeitpunkt der Anteilsübertragung festlegt.

b) Hauptkritikpunkte

Nachdem § 8 Abs. 4 KStG a.F. seit seiner Änderung im Rahmen des Unternehmensteuerreformgesetzes 1997 in dieser bis heute gültigen Form für die steuerrechtliche Praxis zur Anwendung gelangte, existieren neben mehreren BMF-Schreiben[96] auch zahlreiche abschließend entschiedene oder noch offene Verfahren des BFH zu Auslegungs- und Anwendungsfragen der einzelnen Tatbestandsmerkmale.[97] Dabei wurden einige Fragen der Auslegung und Interpretation jedoch nicht abschließend geklärt, was im Verlauf der Zeit zu einer Steigerung der Unsicherheit im Zusammenhang mit der Anwendung des § 8 Abs. 4 KStG a.F. führte.

Die meisten Probleme werden dabei durch das Tatbestandsmerkmal der wirtschaftlichen Identität geschaffen, deren Wegfall im Rahmen des § 8 Abs. 4 KStG a.F. anhand der Anteilsübertragung von mehr als 50 % sowie der Zuführung überwiegend neuen Betriebsvermögens bestimmt wird.[98] Der Begriff der wirtschaftlichen Identität wird als derart unbestimmt angesehen, dass ihn selbst der BFH nicht in eine „für die Rechtsanwendung notwendigen Form zu bestimmen“[99] vermag. Auch in der Literatur ist die Auslegung vieler damit in Verbindung stehender Begriffe umstritten.[100] In diesem Zusammenhang herrscht zwischen der Finanzverwaltung und dem BFH insbesondere Uneinigkeit bezüglich des zu betrachtenden Zeitraums für die Bestimmung des zeitlichen und sachlichen Zusammenhangs der beiden, die wirtschaftliche Identität einer Körperschaft ausschließenden Voraussetzungen (Gesamtplan). Während der BFH den zu prüfenden Zeitraum auf ein Jahr beschränkt,[101] sieht die Finanzverwaltung für eine Frist weniger als zwei Jahre keine adäquate Analysemöglichkeit.[102] Im Rahmen der Frage, ob überwiegend neues Betriebsvermögen zugeführt wird, ist

---

96 Vgl. beispielsweise BMF-Schreiben v. 16.4.1999 – IV C 6 – S 2745 – 12/99, BStBl. I 1999, S. 455 ff.; BMF-Schreiben v. 2.8.2007 – IV B 7 – S 2745/0, BStBl. I 2007, S. 624.

97 Vgl. FG Berlin v. 7.11.2005 – 8 K 8528/02 mit Anm. *Herlinghaus*, EFG 2006, S. 765 ff.

98 Siehe oben C. I. 2. a) (1).

99 *Schloßmacher*, in: Herrmann/Heuer/Raupach, EStG/KStG, § 8 KStG Anm. 426 m.w.N.

100 Vgl. statt vieler *Lenz/Ribbrock*, BB 2007, S. 588 m.w.N.

101 Vgl. BFH v. 14.3.2006 – I R 8/05, BStBl. II 2007, S. 605 f.

102 Vgl. BMF-Schreiben v. 2.8.2007 – IV B 7 – S 2745/0, BStBl. I 2007, S. 624.

sogar über die grundlegende Art und Weise der Bestimmung des Betriebsvermögens aktuell noch nicht abschließend entschieden.[103] Immerhin hält hierbei der BFH an einer gegenständlichen Betrachtungsweise fest, während die Finanzverwaltung nur die Saldotheorie für sinnvoll erachtet.[104] Als schwerwiegendes Problem wird darüber hinaus auch der fragliche Bezugszeitpunkt für das Einsetzen der Rechtsfolge der Verlustabzugsversagung gesehen. Da der BFH auf das Ereignis der Anteilsübertragung abstellt, die Finanzverwaltung im Gegensatz dazu jedoch erst auf den Wegfall der wirtschaftlichen Identität i.S. des § 8 Abs. 4 KStG a.F. war der tatsächlich maßgebliche Zeitpunkt bis zuletzt streitig.[105]

Somit herrschte letztlich bezüglich der Anwendung des § 8 Abs. 4 KStG a.F. große Unsicherheit unter den Rechtsanwendern. Diese wird voraussichtlich durch die meisten noch nicht abschließend entschiedenen Fragen vor dem BFH nicht ausreichend abgebaut werden, sondern ganz im Gegenteil dazu sogar noch verstärkt, da viele dieser Entscheidungen weitere problematische Folgefragen auslösen können.[106]

3. Gesetzgeberintention im Rahmen der Unternehmensteuerreform 2008

Vor dem Hintergrund der Vielzahl an ungeklärten Rechtsfragen zu § 8 Abs. 4 KStG a.F.,[107] hauptsächlich resultierend aus der oft gegensätzlichen Interpretation der Tatbestandsmerkmale durch BFH und Finanzverwaltung,[108] sah sich der Gesetzgeber gezwungen, eine die alte Mantelkaufregelung ersetzende Norm einzuführen, welche eine einfachere und weniger gestaltungsoffene Rechtsanwendung ermöglichen soll.[109] Während § 8 Abs. 4 KStG a.F. noch das höchst umstrittene Merkmal der wirtschaftlichen Identität enthielt, wurde dieses in § 8c KStG gestrichen. Auch auf das kritische Tatbestandsmerkmal der Zuführung überwiegend neuen Betriebsvermögens wird bei der neuen Mantelkaufregelung vollstän-

---

103 Vgl. *Gosch*, DStR 2003, S. 1919; *Schloßmacher*, in: Herrmann/Heuer/Raupach, EStG/KStG, § 8 KStG Anm. 453.
104 Siehe oben C. I. 2. a) (1) (b).
105 Vgl. *Olbing*, in: Streck, KStG, § 8 Rn. 448.
106 Vgl. ausführlicher dazu FG Berlin v. 7.11.2005 – 8 K 8528/02 mit Anm. *Herlinghaus*, EFG 2006, S. 766 f.
107 Vgl. FG Berlin v. 7.11.2005 – 8 K 8528/02 mit Anm. *Herlinghaus*, EFG 2006, S. 765 ff.
108 Vgl. *Blumenberg/Benz*, Die Unternehmensteuerreform 2008, S. 199.
109 Vgl. BT-Drs. 16/4841, S. 74 f.

dig verzichtet. Der Regelungsgehalt hat sich somit gewandelt, da nun der Fokus ausschließlich auf den Vorgang der Anteilsübertragung gelegt wird. Dabei ist für die Beschränkung des Verlustabzugs ausschlaggebend, wie die Einflussmöglichkeit des neuen Anteilseigners innerhalb der Körperschaft ausgestaltet ist, womit eine wirtschaftliche Identität nur mehr indirekt vorausgesetzt wird.[110] Die Nutzung von Verlustvorträgen ist gemäß § 8c KStG ausgeschlossen, wenn sich der neue Anteilseigner in einer Weise in der Körperschaft positioniert hat, dass er die Entscheidung über die Verlustnutzung grundlegend mitgestalten kann.[111] Diese Einflussmöglichkeit bemisst der Gesetzgeber gemäß des neu eingeführten § 8c KStG an der konkreten prozentualen Höhe des neu erworbenen Anteils an der Körperschaft.[112]

Ob der grundlegende Gesetzeszweck der Missbrauchsvermeidung in Fällen des Mantelkaufs auch für § 8c KStG noch zutrifft, ist in der Literatur höchst umstritten.[113] Folgt man den Ausführungen des Gesetzgebers zur Begründung der Einführung des § 8c KStG, welcher in dieser Regelung eine bloße Vereinfachung des § 8 Abs. 4 KStG a.F. sieht,[114] so scheint sich der grundlegende Gesetzeszweck offensichtlich nicht geändert zu haben. Obwohl eine explizite Benennung der Missbrauchsvermeidungsabsicht in der Gesetzesbegründung zum Unternehmensteuerreformgesetz 2008 fehlt, verwendet der Bundestag jedoch das Argument der Missbrauchvermeidung im Rahmen des diesem vorgeschalteten Gesetzgebungsverfahrens.[115] Die Meinung der Literatur wendet sich jedoch weitgehend von dem Ziel der Missbrauchsvermeidung ab und unterstellt dem Gesetzgeber sogar, die Regelung des § 8c KStG als Gegenfinanzierungsmaßnahme im Rahmen der Unternehmensteuerreform 2008 eingeführt zu haben.[116]

---

110 Vgl. BT-Drs. 16/4841, S. 76.
111 Vgl. BT-Drs. 16/4841, S. 35.
112 Siehe unten C. II. 1. c).
113 Vgl. *Frotscher*, in: Frotscher/Maas, KStG/UmwStG, § 8c KStG Rn. 4; *Meiisel/Bokeloh*, BB 2008, S. 808 m.w.N.; *Olbing*, in: Streck, KStG, § 8c Rn. 1.
114 Vgl. BT-Drs. 16/4841, S. 74.
115 Vgl. BT-Drs. 16/5377, S. 27.
116 Vgl. *Hey*, BB 2007, S. 1303 ff.; *Wiese/Klass/Möhrle*, GmbHR 2007, S. 406; *Zerwas/Fröhlich*, in: PWC, Unternehmensteuerreform 2008, Rn. 1507.

4. Gesetzgebungsverfahren

Da dem Bund und den Ländern das Aufkommen der Körperschaftsteuer gemäß Art. 106 Abs. 3 Satz 2 GG jeweils zu 50 % zufließen, besteht für die Normen des KStG gemäß Art. 105 Abs. 2 GG konkurrierende Gesetzgebung. Somit handelt es sich bei § 8c KStG um ein Zustimmungsgesetz, welches gemäß Art. 105 Abs. 3 GG der Zustimmung des Bundesrats bedarf.

In der Stellungnahme des Bundesrats im Zuge des Gesetzgebungsverfahrens äußert dieser Kritik und sieht Nachbesserungsbedarf an der neu eingeführten Mantelkaufregelung des § 8c KStG.[117] Insbesondere betont der Bundesrat hierbei die Notwendigkeit die neue Mantelkaufregelung bezüglich mittelbarer Anteilserwerbe „zielsicherer“[118] einzugrenzen, was jedoch von der Bundesregierung unter Berufung auf den Zweck der „Rechtsvereinfachung und Vermeidung von missbräuchlichen Gestaltungen“[119] wegen zu hohem Verwaltungsaufwand schon vor Einführung der Norm abgelehnt wurde. Die vom Bundesrat ebenfalls geforderte Korrektur des § 8c KStG im Rahmen der Einführung des Gesetzes zur Modernisierung der Rahmenbedingungen für Kapitalbeteiligungen hat der Gesetzgeber in nur eingeschränktem Maße umgesetzt.[120] In diesem Zusammenhang hat der Bundesrat schon während des Gesetzgebungsverfahrens erkannt, dass eine vollkommene Versagung des Verlustabzugs bei einem Anteilserwerb größer als 50 % gerade jungen und forschungsintensiven Unternehmen den Zugang zu einem Großteil der Finanzierungsmöglichkeiten versagt.[121] Immerhin hat der Bundesrat letztendlich die notwendige Zustimmung zum Gesamtpaket des Unternehmensteuerreformgesetzes 2008 gegeben, und begrüßt im Zusammenhang mit der Ablösung der alten Mantelkaufregelung des § 8 Abs. 4 KStG a.F. die Abkehr von den darin enthaltenen strittigen Tatbestandsmerkmalen.[122]

---

117 Vgl. BR-Drs. 220/07 (Beschluss); BR-Drs. 384/07 (Beschluss); BT-Drs. 16/5377, S. 18, 24.
118 BR-Drs. 220/07 (Beschluss), S. 21.
119 BT-Drs. 16/5377, S. 27.
120 Siehe unten C. IV. 3.
121 Vgl. BR-Drs. 220/07 (Beschluss), S. 34.
122 Vgl. BR-Drs. 220/07 (Beschluss), S. 34.

II. Tatbestand

Trotz der Absicht des Gesetzgebers, die Mantelkaufregelung zu vereinfachen und zu konkretisieren, sind nicht alle Tatbestandsmerkmale des neu eingeführten § 8c KStG unzweifelhaft zu interpretieren und anzuwenden, was sich vor allem an der Menge der dazu einschlägigen Literaturquellen[123] bemerkbar macht. Die Finanzverwaltung hat dies schon zu einem frühen Zeitpunkt des Bestehens der neuen Regelung erkannt und am 4.7.2008 ein BMF-Schreiben[124] zur Anwendung des § 8c KStG veröffentlicht. Aktuell liegt neben dem Gesetzestext, der Gesetzesbegründung sowie dem BMF-Schreiben, welches ausschließlich für die Finanzverwaltung Bindungswirkung entfaltet,[125] keine verwertbare und auf § 8c KStG anwendbare Rechtsprechung vor. Da die noch sehr junge Gesetzesmaterie der neuen Mantelkaufregelung keine der Tatbestandsmerkmale der Vorgängerregelung des § 8 Abs. 4 KStG a.F. mehr vorweist, können die dazu entwickelten Rechtsprechungsgrundsätze weder auf § 8c KStG übertragen noch darauf angewandt werden.

1. Tatbestandsvoraussetzungen

a) Persönlicher Anwendungsbereich

Aufgrund ihrer Stellung innerhalb des KStG, ihrem Wortlaut und der gewählten Überschrift findet die Verlustabzugsbeschränkung des § 8c KStG grundsätzlich nur bei beschränkt oder unbeschränkt steuerpflichtigen Körperschaften gemäß § 1 Abs. 1 KStG und § 2 KStG Anwendung. Die Finanzverwaltung erweitert jedoch entgegen dem eindeutigen Wortlaut diesen Anwendungsbereich zusätzlich auf Personenvereinigungen und Vermögensmassen im Sinne des § 1 Abs. 1 KStG sowie Anstalten und Stiftungen.[126] Im Folgenden wird der Begriff der Körperschaft stellvertretend für alle in den persönlichen Anwendungsbereich fallenden Körperschaften und Vereinigungen verwendet.

---

123 Vgl. *Wild/Sustmann/Papke*, DStR 2008, S. 852 m.w.N.
124 Vgl. BMF-Schreiben v. 4.7.2008 – IV C 7 – S 2745-a/08/10001, DB 2008, S. 1598 ff.
125 Vgl. *Lang*, in: Tipke/Lang, Steuerrecht, § 5 Rz. 25.
126 Vgl. BMF-Schreiben v. 4.7.2008 – IV C 7 – S 2745-a/08/10001, DB 2008, S. 1598 Tz. 1.

b) Sachlicher Anwendungsbereich

Die Abzugsbeschränkung bezieht sich gemäß § 8c Abs. 1 Satz 1 KStG auf alle bis zum Zeitpunkt des ausschlaggebenden Anteilserwerbs[127] nicht ausgeglichenen oder abgezogenen negativen Einkünfte (nicht genutzte Verluste). Dieser wenig konkrete Gesetzeswortlaut hat in der Literatur Spekulationen über den Umfang des sachlichen Anwendungsbereichs aufkommen lassen,[128] welche durch die prompte Veröffentlichung des Anwendungsschreibens des BMF vom 4.7.2008 bestätigt wurden. Laut Finanzverwaltung fallen darunter vor allem Verlustvorträge und Verlustrückträge gemäß § 10d EStG, welche schon vor der Unternehmensteuerreform 2008 von der Verlustabzugsbeschränkung des § 8 Abs. 4 KStG a.F. betroffen waren, sowie darüber hinaus negative Einkünfte nach § 2a EStG und Verluste aus § 15 Abs. 4, § 15a und § 15b EStG.[129] Der sachliche Anwendungsbereich der Mantelkaufregelung ist also deutlich erweitert worden, womit mit verschärften Auswirkungen für die Verlustverrechnung bei Körperschaften zu rechnen ist.[130]
Auf einen Zinsvortrag gemäß § 4h Abs. 1 Satz 2 EStG findet § 8c KStG entsprechende Anwendung (§ 8a Abs. 1 Satz 3 KStG), was auch für gewerbesteuerliche Fehlbeträge gilt (§ 10a Satz 9 GewStG).

c) Schädlicher Beteiligungserwerb

Für die Verlustabzugsbeschränkung in Fällen des Mantelkaufs wird auf das zentrale Tatbestandsmerkmal des schädlichen Beteiligungserwerbs abgestellt (§ 8c Abs. 1 Satz 1 KStG). Ein solcher liegt nach der Legaldefinition in § 8c Abs. 1 Satz 1 KStG dann vor, wenn innerhalb von fünf Jahren mittelbar oder unmittelbar mehr als 25 % des gezeichneten Kapitals der Mitgliedschaftsrechte, Beteiligungsrechte oder der Stimmrechte an einer Körperschaft an einen Erwerber oder diesem nahe stehenden Personen übertragen wird oder ein vergleichbarer

---

[127] Siehe unten C. II. 2. c).

[128] Vgl. *Brandis*, in: Blümich, EStG/KStG/GewStG, § 8c KStG Rn. 24; *Suchanek/Herbst*, FR 2007, S. 869; *von Freeden*, in: Schaumburg/Rödder, Unternehmensteuerreform 2008, S. 534.

[129] Vgl. BMF-Schreiben v. 4.7.2008 – IV C 7 – S 2745-a/08/10001, DB 2008, S. 1599 Tz. 2.

[130] Vgl. *Breuninger/Schade*, Ubg 2008, S. 263; *Suchanek*, GmbHR 2008, S. 292.

Sachverhalt vorliegt. Der Tatbestand des § 8c KStG unterscheidet somit grundsätzlich zwischen zwei das Verlustabzugsverbot auslösenden Sachverhalten, dem Anteilserwerb und dem mit einem Anteilserwerb vergleichbaren Sachverhalt, welche unter dem Oberbegriff des sogenannten schädlichen Beteiligungserwerbs (§ 8c Abs. 1 Satz 1 KStG) geführt werden.

(1) Anteilserwerb

Auf der Tatbestandsseite des Anteilserwerbs muss grundlegend zwischen einer Erwerbsquote von mehr als 25 % (§ 8c Abs. 1 Satz 1 KStG) und einer Erwerbsquote von mehr als 50 % (§ 8c Abs. 1 Satz 2 KStG) differenziert werden, da an beide Alternativen, unter sonst gleichen Tatbestandsvoraussetzungen, unterschiedliche Rechtsfolgen geknüpft werden.[131]

(a) Erwerbsgegenstand

Gemäß dem Gesetzeswortlaut des § 8c KStG setzt der Anteilserwerb eine Übertragung von gezeichnetem Kapital, Mitgliedschafts-, Beteiligungs- oder Stimmrechten an einer Körperschaft voraus. Dabei stellt das gezeichnete Kapital die maximale Höhe der Haftung der Gesellschafter für die Verbindlichkeiten der Kapitalgesellschaft dar (§ 272 Abs. 1 Satz 1 HGB), also das Grundkapital einer AG (§ 1 Abs. 2; § 7 AktG) oder das Stammkapital einer GmbH (§ 3 Abs. 1 Nr. 3; § 5 GmbHG). Somit entspricht das Tatbestandsmerkmal der Übertragung von gezeichnetem Kapital dem Erwerb eines Anteils daran, da das gezeichnete Kapital einer Kapitalgesellschaft selbst nicht übertragbar ist.[132] Weder der Gesetzeswortlaut noch das Anwendungsschreiben des BMF vom 4.7.2008 verdeutlichen jedoch, was unter den Begriffen der Mitgliedschafts- und Beteiligungsrechte zu verstehen ist. In der Literatur findet man dazu unterschiedlichste Interpretationen.[133] Mit der Auflistung der unterschiedlichen Übertragungsgegenstände des § 8c Abs. 1 Satz 1 Alt. 1 KStG will der Gesetzgeber wohl die differenzierten Arten

---

[131] Siehe unten C. II. 2.
[132] Vgl. *Frotscher*, in: Frotscher/Maas, KStG/UmwStG, § 8c KStG Rn. 20.
[133] Vgl. *Benz/Rosenberg*, in: Blumenberg/Benz, Die Unternehmensteuerreform 2008, S. 175 ff.; *Meiisel/Bokeloh*, BB 2008, S. 809 f.; *Olbing*, in: Streck, KStG, § 8c Rn. 8 ff.; *Roser*, DStR 2008, S. 78; *Suchanek*, GmbHR 2008, S. 293.

der Beteiligung an den unterschiedlichen, vom Anwendungsbereich des § 8c KStG[134] betroffenen Körperschaften gerecht werden.[135]

Ebenfalls von der Regelung des § 8c KStG betroffen sind laut Auffassung der Finanzverwaltung Übertragungen von Mitgliedschafts- und Beteiligungsrechten ohne Stimmrecht,[136] also beispielsweise stimmrechtslose Vorzugsaktien oder stille Beteiligungen. Dies wird jedoch in der Literatur mit der Begründung abgelehnt, dass die explizite Aufzählung von Stimmrechten, welche als grundsätzlicher Bestandteil von Mitgliedschafts- und Beteiligungsrechten gelten, darauf schließen lässt, dass die gesonderte Übertragung von Mitgliedschafts- und Beteiligungsrechten ohne integriertes Stimmrecht nicht unter den Anwendungsbereich des § 8c KStG fällt.[137] M.E. ist hier der Meinung der Literatur zu folgen. Vor dem Hintergrund der Beschränkung des Verlustabzugs bei wechselnder Einflussnahmemöglichkeit innerhalb der Beteiligungsverhältnisse einer Körperschaft ziehen Übertragungen von Beteiligungsrechten ohne Stimmrecht, also ohne Möglichkeit der Einflussnahme, grundsätzlich keine Veränderung auf die Entscheidung der Nutzung von Verlustvorträgen nach sich. Unter dem Hinzutreten von weiteren Umständen kann hierbei jedoch ein vergleichbarer Sachverhalt[138] vorliegen, der ebenfalls in den Anwendungsbereich des § 8c KStG fällt.

Ausdrücklich nicht von der Regelung des § 8c KStG betroffen ist laut Anwendungsschreiben des BMF der sogenannte „Zwischenerwerb durch eine Emissionsbank im Rahmen eines Börsengangs i.S. des § 1 Abs. 1 Satz 2 Nr. 10 KWG".[139]

Für den Fall, dass mehrere Rechte im selben Zeitraum übertragen werden, hat die Finanzverwaltung klargestellt, dass „diejenige Übertragung maßgebend" sein soll, „die die weitestgehende Anwendung des § 8c KStG erlaubt".[140]

---

[134] Siehe oben C. II. 1. a).
[135] Vgl. *Olbing*, in: Streck, KStG, § 8c Rn. 8; *Suchanek*, GmbHR 2008, S. 293.
[136] Vgl. BMF-Schreiben v. 4.7.2008 – IV C 7 – S 2745-a/08/10001, DB 2008, S. 1599 Tz. 5, 8.
[137] Vgl. *Benz/Rosenberg*, in: Blumenberg/Benz, Die Unternehmensteuerreform 2008, S. 175; *Lang*, DStZ 2007, S. 653; *Olbing*, in: Streck, KStG, § 8c Rn. 11.
[138] Siehe unten C. II. 1. c) (2).
[139] BMF-Schreiben v. 4.7.2008 – IV C 7 – S 2745-a/08/10001, DB 2008, S. 1599 Tz. 6.
[140] BMF-Schreiben v. 4.7.2008 – IV C 7 – S 2745-a/08/10001, DB 2008, S. 1599 Tz. 5.

(b) Erwerbsvorgang

Der die Verlustabzugsbeschränkung des § 8c KStG auslösende Vorgang ist im Gesetzeswortlaut lediglich mit dem allgemein gehaltenen Begriff der „Übertragung" charakterisiert. Deswegen hat die Finanzverwaltung diesen in ihrem Anwendungsschreiben genauer abgegrenzt. Für das Vorliegen eines schädlichen Beteiligungserwerbs kommt es demnach nicht auf dessen Entgeltlichkeit an, womit auch unentgeltliche Übertragungen, wie beispielsweise Schenkungen, davon umfasst sind.[141] Somit können auch dann tatbestandsauslösende Übertragungen von Anteilen vorliegen, wenn offene oder verdeckte Sacheinlagen getätigt werden oder sich die Beteiligungsquoten der Anteilseigner durch Umstrukturierungen der Körperschaft auf gesellschaftsrechtlicher Ebene geändert haben.[142] Lediglich Anteilsübertragungen im Zuge eines Erbfalls, einer Erbauseinandersetzung oder einer vorweggenommenen Erbfolge fallen laut Ansicht der Finanzverwaltung nicht unter den Tatbestand des § 8c KStG, solange sie zu 100 % unentgeltlich erfolgen.[143] Dies galt auch schon für die Anwendung der Vorgängerregelung des § 8 Abs. 4 KStG a.F.[144] Grundsätzlich ist vom Tatbestandsmerkmal der Übertragung damit im Rahmen des § 8c KStG „jede rechtsgeschäftliche Übertragung bestehender Anteile unter Lebenden"[145] erfasst.

Gemäß dem Gesetzeswortlaut der Mantelkaufregelung des § 8c KStG ist neben dem unmittelbaren Anteilserwerb nun auch der mittelbare erfasst, was bei § 8 Abs. 4 KStG a.F. zuletzt nicht mehr der Fall war.[146] Dabei „ist die auf die Verlustgesellschaft durchgerechnete Beteiligungsquote oder Stimmrechtsquote maßgeblich".[147] Dies hat insbesondere für Konzernunternehmen mit Beteiligungsketten über mehreren Ebenen drastische Konsequenzen.[148] Hierzu betont die Finanzverwaltung in ihrem Anwendungsschreiben vom 4.7.2008, dass gerade auch konzerninterne Umstrukturierungen nicht privilegiert behandelt werden, und dabei trotz mittelbar gleichbleibender Beteiligungsverhältnisse (z.B. bei einer

---

141 Vgl. BMF-Schreiben v. 4.7.2008 – IV C 7 – S 2745-a/08/10001, DB 2008, S. 1599 Tz. 4.
142 Vgl. *Brandis*, in: Blümich, EStG/KStG/GewStG, § 8c KStG Rn. 45.
143 Vgl. BMF-Schreiben v. 4.7.2008 – IV C 7 – S 2745-a/08/10001, DB 2008, S. 1599 Tz. 4.
144 Vgl. BMF-Schreiben v. 16.4.1999 – IV C 6 – S 2745 – 12/99, BStBl. I 1999, S. 455 Tz. 4.
145 *Frotscher*, in: Frotscher/Maas, KStG/UmwStG, § 8c KStG Rn. 27; *Suchanek*, in: Herrmann/Heuer/Raupach, EStG/KStG, § 8c KStG Anm. J 07-16.
146 Vgl. BFH v. 20.8.2003 – I R 61/01, BStBl. II 2004, S. 618.
147 BMF-Schreiben v. 4.7.2008 – IV C 7 – S 2745-a/08/10001, DB 2008, S. 1600 Tz. 12.
148 Siehe unten C. IV. 2. d) (2).

Verkürzung der Beteiligungskette) ein schädlicher unmittelbarer Beteiligungserwerb vorliegen kann.[149] Begründet jedoch ein Übertragungsvorgang einen unmittelbaren und gleichzeitig auch einen mittelbaren Anteilserwerb beim selben Erwerberkreis, so bleibt für die Berechnung der gemäß § 8c KStG ausschlaggebenden Erwerbsquoten der mittelbare Anteilserwerb außer Acht.[150]

(c) Kapitalerhöhung

Gemäß § 8c Abs. 1 Satz 4 KStG wird eine Kapitalerhöhung einer Körperschaft dem schädlichen Beteiligungserwerb durch Übertragung von gezeichnetem Kapital unter der Voraussetzung gleichgestellt, dass sich durch die Kapitalerhöhung auch die Beteiligungsquoten der Anteilseigner am Kapital der Körperschaft verändern. Hiermit werden also solche Kapitalerhöhungen der Regelung des § 8c KStG unterworfen, an welchen die ursprünglichen Gesellschafter nicht oder nicht ihrer Beteiligungsquote entsprechend teilhaben, und somit ein bisheriger oder neuer Anteilseigner einen Anstieg seiner Beteiligungsquote in schädlicher Höhe (also zu mehr als 25 % oder sogar mehr als 50 %)[151] verzeichnet.[152] Dabei ist die maßgebliche Beteiligungsquote auf den Kapitalbetrag nach der Erhöhung zu beziehen.[153] Liegt eine nur mittelbare Beteiligung an einer Verlustgesellschaft vor, so kann eine disproportionale Kapitalerhöhung unter den soeben genannten Voraussetzungen ebenfalls zu einer gemäß § 8c KStG schädlichen Erhöhung der Beteiligungsquote führen.[154] Der Gesetzgeber folgt damit den Ausführungen der Finanzverwaltung zur Anwendung der Vorgängerregelung des § 8 Abs. 4 KStG a.F.[155]

Neben einer Erhöhung des gezeichneten Kapitals einer Körperschaft ist laut Anwendungsschreiben des BMF auch die „Erhöhung anderer Beteiligungsrechte“[156] i.S. des § 8c Abs. 1 Satz 1 KStG einem schädlichen Beteiligungserwerb gleichgestellt. § 8c Abs. 1 Satz 4 KStG hat jedoch im Rahmen der Anwendung

---

149 Vgl. BMF-Schreiben v. 4.7.2008 – IV C 7 – S 2745-a/08/10001, DB 2008, S. 1599 Tz. 11.
150 Vgl. BMF-Schreiben v. 4.7.2008 – IV C 7 – S 2745-a/08/10001, DB 2008, S. 1600 Tz. 22.
151 Siehe oben C. II. 1. c) (1).
152 Vgl. *Brandis*, in: Blümich, EStG/KStG/GewStG, § 8c KStG Rn. 45; *Frotscher*, in: Frotscher/Maas, KStG/UmwStG, § 8c KStG Rn. 94.
153 Vgl. BMF-Schreiben v. 4.7.2008 – IV C 7 – S 2745-a/08/10001, DB 2008, S. 1599 Tz. 9.
154 Vgl. BMF-Schreiben v. 4.7.2008 – IV C 7 – S 2745-a/08/10001, DB 2008, S. 1599 Tz. 10; Bsp. dazu siehe *Frotscher*, in: Frotscher/Maas, KStG/UmwStG, § 8c KStG Rn. 98.
155 Vgl. BMF-Schreiben v. 16.4.1999 - IV C 6 – S 2745 – 12/99, BStBl. I 1999, S. 457 Tz. 26.
156 BMF-Schreiben v. 4.7.2008 – IV C 7 – S 2745-a/08/10001, DB 2008, S. 1599 Tz. 9.

der Verlustabzugsbeschränkung auf Fälle der Kapitalerhöhung letztlich nur deklaratorische Wirkung, da diese schon unter das Tatbestandsmerkmal des vergleichbaren Sachverhalts subsumiert werden können.[157]

(d) Erwerberbegriff

Das Tatbestandsmerkmal des Erwerbers i.S. des § 8c KStG erfüllen neben natürlichen und juristischen Personen auch Mitunternehmerschaften, sowie vermögensverwaltende Personengesellschaften, bei denen der jeweilige Anteil des Gesellschafters diesem gemäß § 39 Abs. 2 Nr. 2 AO zugerechnet wird.[158] Ein schädlicher Beteiligungserwerb i.S. des § 8c KStG setzt sodann voraus, dass die bezeichneten Anteile ein Erwerber, also ein Anteilseigner selbst, ihm nahestehende Personen oder eine Gruppe von Erwerbern mit gleichgerichtetem Interesse übertragen bekommen. Genauer gesagt muss der Erwerb durch einen konkreten Erwerber oder „Personen eines Erwerberkreises“[159] erfolgen. „Den Erwerberkreis bildet der Erwerber gemeinsam mit ihm nahestehenden Personen und Personen, die mit ihm oder den nahestehenden Personen gleichgerichtete Interessen haben.“[160] Dabei ist unerheblich, ob der schädliche Anteilserwerb durch einen schon an der Körperschaft beteiligten oder einen dadurch neu hinzutretenden Anteilseigner vollzogen wird.[161]

Als dem Erwerber nahestehend gilt eine Person oder ein Personenkreis laut Ansicht der Finanzverwaltung dann, wenn zu ihm zum Zeitpunkt des Erwerbs irgendeine „rechtliche oder tatsächliche Beziehung“[162] besteht. Damit wird auf die im Zusammenhang mit der Problematik der verdeckten Gewinnausschüttung des § 8 Abs. 3 Satz 2 KStG entwickelten Grundsätze zurückgegriffen (H 36 Abs. 3 (Nahe stehende Person) KStH 2007). Der Anwendungsbereich des § 8c KStG ist somit diesbezüglich sehr weit gefasst, da der Gesetzgeber hierfür nicht auf die stärker einschränkenden Voraussetzungen der Definition nahestehender Personen

[157] Vgl. *Suchanek*, in: Herrmann/Heuer/Raupach, EStG/KStG, § 8c KStG Anm. J 07-17, J 07-26.
[158] Vgl. BMF-Schreiben v. 4.7.2008 – IV C 7 – S 2745-a/08/10001, DB 2008, S. 1600 Tz. 24.
[159] BMF-Schreiben v. 4.7.2008 – IV C 7 – S 2745-a/08/10001, DB 2008, S. 1599 Tz. 3.
[160] BMF-Schreiben v. 4.7.2008 – IV C 7 – S 2745-a/08/10001, DB 2008, S. 1599 Tz. 3.
[161] Vgl. *Benz/Rosenberg*, in: Blumenberg/Benz, Die Unternehmensteuerreform 2008, S. 183; *Olbing*, in: Streck, KStG, § 8c Rn. 15.
[162] BMF-Schreiben v. 4.7.2008 – IV C 7 – S 2745-a/08/10001, DB 2008, S. 1600 Tz. 25.

gemäß § 1 Abs. 2 AStG verwiesen hat, wie es beispielsweise bei § 8a Abs. 1 und § 8a Abs. 2 KStG der Fall ist.

Für das Vorliegen von gleichgerichteten Interessen i.S. des § 8c Abs. 1 Satz 3 KStG gibt die Finanzverwaltung in ihrem Anwendungsschreiben vom 4.7.2008 verschiedene beispielhafte Indizien. Ausreichend ist beispielsweise eine gemeinsame Zweckverfolgung gemäß § 705 BGB, die „gemeinsame Beherrschung der Körperschaft" oder „eine Abstimmung zwischen den Erwerbern (...) wobei kein Vertrag vorliegen muss".[163] Das gleichgerichtete Interesse muss sich dabei nicht zwingend auf die Nutzungsabsicht des Verlustvortrags beziehen.[164] Dies entspricht zwar teilweise der Ansicht des Gesetzgebers zum Begriff der gleichgerichteten Interessen im Rahmen der verdeckten Gewinnausschüttung (H 36 Abs. 3 (Beherrschender Gesellschafter) KStH 2007), soll jedoch aufgrund unterschiedlicher Zweckverfolgung für Fälle des Mantelkaufs nicht vollständig davon abgeleitet werden.[165] Damit muss die Erhöhung der Beteiligungsquote um den geforderten schädlichen Prozentsatz somit m.E. bezogen auf einen konkreten Erwerber oder eine Gruppe von Erwerbern erfolgen, welche homogene Interessen jeglicher Art verfolgt und bei der Willensbildung und Willensausübung kooperiert.

(e) Zeitgrenze

Für die Erfüllung des Tatbestands des schädlichen Beteiligungserwerbs gemäß § 8c KStG werden Erwerbsvorgänge innerhalb eines Zeitraums von fünf Zeitjahren betrachtet. Dabei werden alle während dieses Zeitabschnitts vollzogenen einschlägigen Übertragungen[166] eines Erwerberkreises zusammengerechnet.[167] Somit müssen die maßgeblichen Erwerbsvorgänge lediglich zeitlich und nicht zwingend auch sachlich miteinander verknüpft sein.[168] Die einzige Ausnahme hierzu liefert die Finanzverwaltung, indem sie in ihrem Anwendungsschreiben

[163] BMF-Schreiben v. 4.7.2008 – IV C 7 – S 2745-a/08/10001, DB 2008, S. 1600 Tz. 27; vgl. auch BT-Drs. 16/5491, S. 22.
[164] Vgl. BMF-Schreiben v. 4.7.2008 – IV C 7 – S 2745-a/08/10001, DB 2008, S. 1600 Tz. 27.
[165] Vgl. *Frotscher*, in: Frotscher/Maas, KStG/UmwStG, § 8c KStG Rn. 48; *Meiisel/Bokeloh*, BB 2008, S. 812.
[166] Siehe oben C. II. 1. c) (1) (b).
[167] Vgl. BMF-Schreiben v. 4.7.2008 – IV C 7 – S 2745-a/08/10001, DB 2008, S. 1600 Tz. 16.
[168] Vgl. *Frotscher*, in: Frotscher/Maas, KStG/UmwStG, § 8c KStG Rn. 72; *Olbing*, in: Streck, KStG, § 8c Rn. 55.

vom 4.7.2008 auf die vom BFH[169] entwickelten Prinzipien der Rechtsprechung zum sogenannten Gesamtplan verweist. Dadurch werden unterschiedliche Erwerbsvorgänge desselben Erwerberkreises als ein einziger Erwerb angesehen, „wenn ihnen ein Gesamtplan zugrunde liegt".[170] Dies basiert wohl auf dem Zweck, künstlich über den kritischen Zeitraum hinaus aufgespaltete Übertragungsvorgänge trotzdem den Rechtsfolgen des § 8c KStG zu unterwerfen, wenn die unterschiedlichen Erwerbe sachlich i.S. eines Gesamtplans zusammenhängen.[171]

Für den Beginn des Fünf-Jahres-Zeitraums ist grundsätzlich der erste für den schädlichen Beteiligungserwerb notwendige unmittelbare oder mittelbare Übertragungsvorgang eines Erwerberkreises ausschlaggebend.[172] Da gemäß § 39 Abs. 2 Nr. 1 AO dem Erwerber eines Anteils dieser auch dann zugerechnet wird, wenn er nicht zivilrechtlicher, sondern vielmehr nur wirtschaftlicher Eigentümer ist, stellt der Übergang des wirtschaftlichen Eigentums den maßgeblichen Zeitpunkt dar.[173] Als wirtschaftlicher Eigentümer wird im Gegensatz zur zivilrechtlichen Eigentümerstellung derjenige verstanden, welcher „die tatsächliche Sachherrschaft über ein Wirtschaftsgut dergestalt ausübt, dass er den nach bürgerlichem Recht Berechtigten im Regelfall auf Dauer von der Nutzung des Wirtschaftsguts ausschließen kann".[174] Hierbei ist überdies für Zwecke des § 8c KStG schon der dingliche Übertragungsakt und nicht erst der schuldrechtliche Vertrag ausreichend.[175] Im Falle einer Kapitalerhöhung ist der Zeitpunkt ihrer Eintragung in das Handelsregister entscheidend.[176] Grundsätzlich wird nicht vorausgesetzt, dass schon zu Beginn des Zeitraums bei der betroffenen Körperschaft ein noch nicht genutzter steuerlicher Verlustvortrag besteht.[177]

Sobald innerhalb dieses Zeitraums ein Erwerberkreis mehr als 25 % der Anteile erworben hat liegt ein schädlicher Beteiligungserwerb gemäß § 8c Abs. 1 Satz 1

---

[169] Vgl. BFH v. 27.10.2005 – IX R 76/03, BStBl. II 2006, S. 360; *Spindler*, DStR 2005, S. 1 ff.

[170] BMF-Schreiben v. 4.7.2008 – IV C 7 – S 2745-a/08/10001, DB 2008, S. 1600 Tz. 19.

[171] Vgl. *Lishaut*, FR 2008, S. 797.

[172] Vgl. BMF-Schreiben v. 4.7.2008 – IV C 7 – S 2745-a/08/10001, DB 2008, S. 1600 Tz. 17.

[173] Vgl. BMF-Schreiben v. 4.7.2008 – IV C 7 – S 2745-a/08/10001, DB 2008, S. 1600 Tz. 13; *von Freeden*, in: Schaumburg/Rödder, Unternehmensteuerreform 2008, S. 525.

[174] *Birk*, Steuerrecht, Rn. 303 (im Original zum Teil kursiv gedruckt).

[175] Vgl. *Frotscher*, in: Frotscher/Maas, KStG/UmwStG, § 8c KStG Rn. 27; *Suchanek*, in: Herrmann/Heuer/Raupach, EStG/KStG, § 8c KStG Anm. J 07-16.

[176] Vgl. BFH v. 14.3.2006 – VIII R 49/04, BStBl. II 2006, S. 748; BMF-Schreiben v. 4.7.2008 – IV C 7 – S 2745-a/08/10001, DB 2008, S. 1600 Tz. 14.

[177] Vgl. BMF-Schreiben v. 4.7.2008 – IV C 7 – S 2745-a/08/10001, DB 2008, S. 1600 Tz. 17.

KStG vor und ein weiterer Übertragungsvorgang desselben Erwerberkreises löst einen neuen Fünf-Jahres-Zeitraum aus.[178] Die bis dahin berücksichtigten Erwerbsvorgänge können für Zwecke des § 8c Abs. 1 Satz 1 KStG sodann nicht erneut herangezogen werden.[179] Dies gilt jedoch nicht für die Anwendung des § 8c Abs. 1 Satz 2 KStG, bei dem es auf den Erwerb von mehr als 50 % der Anteile ankommt. Da hierfür ein eigenständiger Fünf-Jahres-Zeitraum zu laufen beginnt sind Erwerbsvorgänge, die die Rechtsfolge des § 8c Abs. 1 Satz 1 KStG schon ausgelöst haben, für den maßgeblichen Zeitraum des § 8c Abs. 1 Satz 2 KStG noch einmal mitzuzählen.[180] Dies entspricht auch dem Wortlaut des Gesetzes, bei dem es in § 8c Abs. 1 Satz 2 KStG heißt „unabhängig von Satz 1".[181] Erwirbt ein Anteilseigner beispielsweise jeweils 20 % der Anteile an einer GmbH im Jahr 01, Jahr 02 und im Jahr 03, so ist ein bestehender Verlustvortrag quotal zu 40 % im Jahr 02 nicht mehr ausgleichsfähig. Im Jahr 03 werden sodann mit Überschreiten der Schädlichkeitsgrenze von 50 % die bis dahin nicht genutzten Verluste vollständig der Verrechnungsmöglichkeit entzogen.

(2) Vergleichbarer Sachverhalt

Neben den soeben dargestellten Voraussetzungen, welche für einen schädlichen Beteiligungserwerb einschlägig sind, hat der Gesetzgeber dem § 8c KStG noch eine Art „Angstklausel"[182] mit dem Auffangtatbestand des vergleichbaren Sachverhalts beigefügt (§ 8c Abs. 1 Satz 1 Alt. 2 KStG; § 8c Abs. 1 Satz 2 Alt. 2 KStG), ohne diesen innerhalb der Norm oder der Gesetzesbegründung genauer zu konkretisieren. Hierunter sollen ähnliche Sachverhalte fallen, welche nicht schon als Anteilserwerb einen schädlichen Beteiligungserwerb gemäß § 8c Abs. 1 Satz 1 Alt. 1 KStG oder § 8c Abs. 1 Satz 2 Alt. 1 KStG auslösen und dem Zweck der Verlustabzugsversagung in Mantelkauffällen entsprechen.[183] Da dieses Tatbestandsmerkmal somit für die praktische Anwendung schwer interpretierbar ist, hat die Finanzverwaltung in ihrem Anwendungsschreiben vom 4.7.2008 eine bei-

---

178 Vgl. BMF-Schreiben v. 4.7.2008 – IV C 7 – S 2745-a/08/10001, DB 2008, S. 1600 Tz. 18.
179 Vgl. BT-Drs. 16/4841, S. 76.
180 Vgl. BT-Drs. 16/4841, S. 76; BMF-Schreiben v. 4.7.2008 – IV C 7 – S 2745-a/08/10001, DB 2008, S. 1600 Tz. 20.
181 Vgl. *Benz/Rosenberg*, in: Blumenberg/Benz, Die Unternehmensteuerreform 2008, S. 191.
182 *Wiese*, DStR 2007, S. 742.
183 Vgl. *Breuninger/Schade*, Ubg 2008, S. 264.

spielhafte Auflistung von Sachverhalten, welche einem Anteilserwerb gemäß § 8c KStG vergleichbar sind, veröffentlicht. Dabei ist bei diesen Vorgängen eine grundlegende Gemeinsamkeit festzustellen, nämlich die Voraussetzung, dass ein Beteiligungserwerb bzw. eine Änderung der Beteiligungsquote eines Erwerberkreises durch den vergleichbaren Sachverhalt begründet wird, wie es beispielsweise bei einer Herabsetzung des Gesellschaftskapitals oder der Umwandlung einer Körperschaft der Fall sein kann.[184] Ähnlich dazu ändern sich auch bei Vereinbarungen über die Verteilung der Stimmrechte oder gar einem Stimmrechtsverzicht zugunsten eines anderen Anteilseigners die tatsächlichen Einflussnahmemöglichkeiten auf Belange der Körperschaft.[185] *Brandis* bringt dies sehr zutreffend auf den Punkt, indem er einen vergleichbaren Sachverhalt dann annimmt, wenn „dem Erwerber eine dem Vollrecht wirtschaftl[ich] vergleichbare Rechtsposition eingeräumt wird".[186] Letztlich können auch „Kombinationen verschiedener Sachverhalte (...) insgesamt"[187] als vergleichbarer Sachverhalt die Rechtsfolgen des § 8c KStG auslösen. Für eine bessere Planungssicherheit, welche Art von Vorgängen der Gesetzgeber unter dem Merkmal des vergleichbaren Sachverhalts subsumiert, ist wohl zukünftig auf die dazu ergehende Rechtsprechung sowie die Anwendungshinweise der Finanzverwaltung zu achten.[188]

2. Rechtsfolgen

Die neu eingeführte Mantelkaufregelung des § 8c KStG enthält zwei unterschiedliche Rechtsfolgen, welche neben den ansonsten für beide identischen Tatbestandsvoraussetzungen[189] an die Höhe der neu durch schädlichen Beteiligungserwerb erworbenen Beteiligungsquote des betroffenen Erwerberkreises anknüpft. Die Auswirkungen der Rechtsfolgen treffen stets den Veranlagungszeitraum, in den der Vorgang des gemäß § 8c KStG schädlichen Beteiligungserwerbs fällt.[190]

---

184 Vgl. BMF-Schreiben v. 4.7.2008 – IV C 7 – S 2745-a/08/10001, DB 2008, S. 1599 Tz. 7.

185 Vgl. BMF-Schreiben v. 4.7.2008 – IV C 7 – S 2745-a/08/10001, DB 2008, S. 1599 Tz. 7; *Brandis*, in: Blümich, EStG/KStG/GewStG, § 8c KStG Rn. 55.

186 *Brandis*, in: Blümich, EStG/KStG/GewStG, § 8c KStG Rn. 55.

187 BMF-Schreiben v. 4.7.2008 – IV C 7 – S 2745-a/08/10001, DB 2008, S. 1599 Tz. 7.

188 Vgl. *Dörr*, NWB 2007, S. 5198; *Suchanek*, in: Herrmann/Heuer/Raupach, EStG/KStG, § 8c KStG Anm. J 07-17; *Zerwas/Fröhlich*, in: PWC, Unternehmensteuerreform 2008, Rn. 1563.

189 Siehe oben C. II. 1.

190 Vgl. BMF-Schreiben v. 4.7.2008 – IV C 7 – S 2745-a/08/10001, DB 2008, S. 1601 Tz. 30; BT-Drs. 16/4841, S. 76.

a) Quotaler Verlustuntergang

Gemäß § 8c Abs. 1 Satz 1 KStG setzt das Verlustabzugsverbot quotal ein, sobald innerhalb von fünf Jahren zwischen 25 % und 50 % der Anteile an einer Körperschaft auf einen Erwerberkreis übertragen worden sind. Dabei richtet sich die Höhe der Versagung der Abzugsfähigkeit der Verluste nach der „Höhe der schädlichen Beteiligungserwerbe",[191] das heißt, die noch nicht genutzten Verluste können also anteilmäßig nicht mehr steuerlich genutzt werden.

b) Vollständiger Verlustuntergang

§ 8c Abs. 1 Satz 2 KStG hingegen sieht für einen schädlichen Beteiligungserwerb von mehr als 50 % innerhalb eines Zeitraums von fünf Jahren den vollständigen Untergang der Abzugsfähigkeit noch nicht genutzter Verluste der betroffenen Körperschaft vor.

c) Umfang des Abzugsverbots

Vom körperschaftsteuerlichen Abzugsverbot des § 8c KStG erfasst ist neben einem Verlustvortrag des vorangegangenen Veranlagungszeitraums auch ein bis zum Zeitpunkt des schädlichen Beteiligungserwerbs entstandener laufender Verlust.[192] Dabei ist eine Verrechnung mit laufenden oder später erwirtschafteten Gewinnen oder Gewinnen aus vorangegangenen Veranlagungszeiträumen gemäß § 10d EStG ausgeschlossen.[193] Verluste, die nach dem schädlichen Übertragungsvorgang entstehen, sind davon nicht mehr betroffen und somit vollständig abzugsfähig.[194] Dies würde auch dem grundlegenden Zweck der Norm[195] widersprechen, da diese Verluste unter dem neuen Anteilseigner entstanden und somit auch aus steuerlicher Sicht dem Leistungsfähigkeitsprinzip entsprechend von ihm

---

191 BMF-Schreiben v. 4.7.2008 – IV C 7 – S 2745-a/08/10001, DB 2008, S. 1600 Tz. 28.

192 Vgl. BMF-Schreiben v. 4.7.2008 – IV C 7 – S 2745-a/08/10001, DB 2008, S. 1601 Tz. 31; BT-Drs. 16/4841, S. 76.

193 Vgl. BMF-Schreiben v. 4.7.2008 – IV C 7 – S 2745-a/08/10001, DB 2008, S. 1601 Tz. 30 f.; a.A. *Neyer*, BB 2007, S. 1419; *von Freeden*, in: Schaumburg/Rödder, Unternehmensteuerreform 2008, S. 535.

194 Vgl. *Frotscher*, in: Frotscher/Maas, KStG/UmwStG, § 8c KStG Rn. 76.

195 Siehe oben B. III. 3. b).

genutzt werden können. Den maßgeblichen Zeitpunkt, zu dem die bisher nicht genutzten Verluste bestimmt werden, stellt jeweils der Moment der Überschreitung der schädlichen Anteilserwerbsgrenze von 25 % (§ 8c Abs. 1 Satz 1 KStG) bzw. 50 % dar.[196] Fällt dieser Zeitpunkt nicht auf das Ende bzw. den Beginn eines Wirtschaftsjahres der betroffenen Körperschaft, sondern tritt unterjährig ein, so ist der „Verlust des gesamten Wirtschaftsjahres (...) zeitanteilig aufzuteilen".[197] Die Erstellung eines aufwendigeren Zwischenabschlusses ist somit nicht erforderlich, um die Abgrenzung der Verluste bzw. Gewinne vor und nach dem Zeitpunkt des schädlichen Beteiligungserwerbs vorzunehmen.[198]

III. Anwendungs- und Übergangsregelung

Die neu eingeführte Mantelkaufregelung des § 8c KStG löst die Vorgängerregelung des § 8 Abs. 4 KStG a.F. ab. Für einen fünfjährigen Übergangzeitraum gelten beide Normen unter bestimmten Voraussetzungen parallel.

1. Erstmalige Anwendung

Da die Mantelkaufregelung des § 8c KStG im Rahmen der Unternehmensteuerreform 2008[199] eingeführt worden ist, kommt sie erstmals für den Veranlagungszeitraum 2008 und somit nur für Anteilsübertragungen zur Anwendung, welche nach dem 31.12.2007 statt finden (§ 34 Abs. 7b KStG).[200]

2. Übergangsregelung zu § 8 Abs. 4 KStG a.F.

Die Anwendung der Vorgängerregelung zum Mantelkauf (§ 8 Abs. 4 KStG a.F.) läuft grundsätzlich mit dem Ende des Veranlagungszeitraums 2007 aus, also zum 31.12.2007. Ihre letztmalige Anwendung findet sie jedoch parallel zu der neu eingeführten Regelung gemäß § 34 Abs. 6 Satz 4 KStG dann, wenn mindestens 50 % der Anteile an einer Körperschaft innerhalb von fünf Jahren auf einen

---

196 Vgl. *Benz/Rosenberg*, in: Blumenberg/Benz, Die Unternehmensteuerreform 2008, S. 192; BMF-Schreiben v. 4.7.2008 – IV C 7 – S 2745-a/08/10001, DB 2008, S. 1600 Tz. 21.

197 BMF-Schreiben v. 4.7.2008 – IV C 7 – S 2745-a/08/10001, DB 2008, S. 1601 Tz. 32.

198 Vgl. *Frotscher*, in: Frotscher/Maas, KStG/UmwStG, § 8c KStG Rn. 79.

199 Vgl. BT-Drs. 16/4841.

200 Vgl. auch BMF-Schreiben v. 4.7.2008 – IV C 7 – S 2745-a/08/10001, DB 2008, S. 1601 Tz. 35.

Erwerberkreis übergehen und der betrachtete Zeitraum vor dem 1.1.2008 zu laufen begonnen hat. Zusätzlich dazu setzt eine parallele Anwendung des § 8 Abs. 4 KStG a.F. neben dem § 8c KStG auch voraus, dass der mit dem Beteiligungserwerb verbundene Verlust der wirtschaftlichen Identität der betroffenen Körperschaft noch vor dem 1.1.2013 erfolgt.[201]

IV. Kritische Würdigung

Seit der Erkenntnis des Missbrauchspotenzials für einen Handel mit steuerlichen Verlustvorträgen durch sogenannte Mantelkäufe wird in der Literatur eine lebhafte Diskussion zu steuersystematischen und verfassungsrechtlichen Bedenken bezogen auf die Einführung der den Verlustabzug beschränkenden Mantelkaufregelung des KStG geführt.

1. Steuersystematische Bewertung

Auch nach der Unternehmensteuerreform 2008 ebbt diese Diskussion nicht ab, da Verstöße gegen steuerrechtliche Grundsätze, wie beispielsweise das Trennungsprinzip, das objektive Nettoprinzip und das Bestimmtheitsgebot durch die neue Mantelkaufregelung des § 8c KStG weiterhin bestehen.

a) Verletzung des Trennungsprinzips

Die Besteuerungssystematik im Rahmen des KStG ist maßgeblich durch das Trennungsprinzip gekennzeichnet. Dabei werden für Zwecke der Besteuerung die Ebene der Körperschaft und die der Anteilseigner strikt voneinander getrennt, wobei die Körperschaft ein selbständiges Steuer- und Wirtschaftssubjekt darstellt.[202] Der Anteilseigner kann somit nicht unmittelbar auf die von der Körperschaft erwirtschafteten positiven oder negativen Einkünfte zugreifen.[203] Nun durchbricht § 8c KStG teilweise dieses Trennungsprinzip indem es eine direkte Verbindung der beiden Ebenen herstellt. Das Weiterbestehen der Verlustvorträge

---

[201] Vgl. BMF-Schreiben v. 4.7.2008 – IV C 7 – S 2745-a/08/10001, DB 2008, S. 1601 Tz. 36.

[202] Vgl. *Frotscher*, in: Frotscher/Maas, KStG/UmwStG, § 8c KStG Rn. 5; *Hey*, in: Tipke/Lang, Steuerrecht, § 11 Rz. 1.

[203] Vgl. *Frotscher*, KSt/GewSt, Rn. 2.

– und folglich auch deren steuerliche Nutzungsmöglichkeit – auf der Ebene der Körperschaft ist unmittelbar von Vorgängen auf der Ebene der Anteilseigner abhängig.[204] Andererseits bleibt jedoch dem Anteilseigner der Durchgriff auf Verluste der Körperschaft weiterhin verwehrt.[205] Dies entspricht m.E. keiner konsequenten Anwendung und Befolgung des körperschaftsteuerrechtlichen Trennungsprinzips und führt schließlich zu einer doppelten Benachteiligung der Anteilseigner. Immerhin sind diese zumindest mittelbar über die verringerte Gewinnausschüttung von der Beschränkung des Verlustabzugs auf Körperschaftsebene betroffen und können gleichzeitig einen bestehenden Verlust der Körperschaft selbst nicht direkt nutzen. Die bis zum Veranlagungszeitraum 2007 geltende Vorgängerregelung des § 8 Abs. 4 KStG a.F. hingegen verstieß nicht derart offensichtlich gegen das Trennungsprinzip, da sie schon laut ihrem Gesetzeswortlaut die Verlustabzugsversagung nur von dem wirtschaftlichen Identitätsverlust der Körperschaft selbst abhängig gemacht hatte. Somit führten nicht ausschließlich Änderungen auf Anteilseignerebene zum Erlöschen des Verlustvortrags und wurden, wenn überhaupt, nur mittelbar in die Betrachtung miteinbezogen.[206]

Geht man für eine Würdigung des Verstoßes gegen das Trennungsprinzip jedoch von der grundlegenden Ansicht des Gesetzgebers aus, welcher in seiner Begründung zur Einführung des § 8c KStG ausdrücklich von einer wirtschaftlichen Betrachtungsweise der betroffenen Sachverhalte im Rahmen der Verlustabzugsversagung ausgeht,[207] so ist dessen Missachtung nur konsequent. Bei einer rein rechtlichen Darstellung von Fällen des Mantelkaufs bleiben die Steuersubjekte Körperschaft und Anteilseigner unabhängig voneinander parallel bestehen. Wirtschaftlich betrachtet wäre jedoch eine Trennung der beiden Ebenen unnatürlich und wirklichkeitsfremd, da letztendlich nur die Anteilseigner vom erwirtschafteten Ergebnis der Körperschaft tatsächlich profitieren. Schließlich sind Körperschaften selbst nur juristische Personen, welche ohne Vertreter in Gestalt einer natürlichen Person nicht handlungsfähig sind und somit selbst nicht über

---

[204] Vgl. *Dörfler/Wittkowski*, GmbHR 2007, S. 517; *Wiese*, DStR 2007, S. 744.
[205] Vgl. *Hey*, in: Tipke/Lang, Steuerrecht, § 11 Rz. 58.
[206] Vgl. *Frotscher*, in: Frotscher/Maas, KStG/UmwStG, § 8c KStG Rn. 6.
[207] Vgl. BT-Drs. 16/4841, S. 76.

ihre Einkünfte verfügen können.[208] Überdies basiert die Missbrauchsproblematik der Mantelkauffälle gerade auf einer ökonomischen Betrachtungsweise,[209] und rechtfertigt somit grundlegend die Durchbrechung des Trennungsprinzips vor dem Hintergrund der Missbrauchsvermeidung.[210]

Problematisch ist dieser Verstoß trotz alledem insbesondere für die Fälle, bei denen die Körperschaft oder auch die am Übertragungsvorgang nicht beteiligten Altgesellschafter keinen Einfluss auf die Struktur und den Bestand der Anteilseigner ausüben können.[211] Da die Rechtsfolgen des § 8c KStG ausschließlich die Ebene der Körperschaft betreffen, sind letztendlich auch nicht beteiligte Anteilseigner bei Vorliegen eines schädlichen Beteiligungserwerbs von den Auswirkungen des Verlustabzugsverbots mittelbar wirtschaftlich betroffen.[212] Zum Schutz vor ungewolltem Erlöschen der Abzugsfähigkeit noch nicht genutzter Verlustvorträge werden in Zukunft wohl entsprechende Klauseln in die Gesellschaftsverträge integriert werden müssen.[213]

b) Verletzung des objektiven Nettoprinzips

Durch die Versagung des Verlustabzugs in Mantelkauffällen gemäß § 8c KStG wird überdies gegen das verfassungsrechtlich verankerte Prinzip der Besteuerung nach der individuellen Leistungsfähigkeit – insbesondere das objektive Nettoprinzip[214] – verstoßen. Die Besteuerung entsprechend dem objektiven Nettoprinzip zeigt sich in der Berücksichtigung der negativen Einkünfte – das heißt der Verluste – bei der Bestimmung des steuerpflichtigen Einkommens. Gewinne und Verluste eines Steuerpflichtigen werden also grundsätzlich miteinander verrechnet, um dessen individuelle Leistungsfähigkeit möglichst genau abzubilden und sodann eine dementsprechend gleichmäßige Besteuerung zu gewährleisten. Wird nun eine Abzugsmöglichkeit beschränkt, wie es vor allem auch durch § 8c KStG geregelt ist, so widerspricht dies grundsätzlich einer gerechten Besteuerung nach

---

208 Vgl. *Kübler/Assmann*, Gesellschaftsrecht, S. 24 f.; *Raiser/Veil*, Recht der Kapitalgesellschaften, § 3 Rn. 2, 8.

209 Siehe oben B. III. 3. a).

210 Zum Gesetzeszweck siehe unten C. IV. 1. b).

211 Siehe unten C. IV 2. d) (4).

212 Vgl. *Frotscher*, in: Frotscher/Maas, KStG/UmwStG, § 8c KStG Rn. 6.

213 Vgl. *Dörfler/Wittkowski*, GmbHR 2007, S. 517; *Rodewald/Pohl*, DStR 2008, S. 728 f.; *Suchanek*, in: Herrmann/Heuer/Raupach, EStG/KStG, § 8c KStG Anm. J 07-2.

214 Siehe oben B. I. 2. b).

dem objektiven Nettoprinzip und letztendlich auch dem im Gleichheitsgrundsatz des Art. 3 Abs. 1 GG verankerten Leistungsfähigkeitsprinzip.[215] Dies mag in Fällen missbräuchlich gestalteter Käufe von Verlustmänteln gerecht erscheinen, da hier eine Ungleichbehandlung steuerpflichtiger Körperschaften mit der Motivation, Steuerumgehungen zu verhindern, gerechtfertigt werden kann. Immerhin ist die Verlustabzugsversagung des § 8c KStG jedoch auch auf Sachverhalte anzuwenden, bei denen die betroffene Körperschaft die im Verlustvortrag aufgelaufenen Verluste tatsächlich erlitten hat, somit eine Verringerung ihrer Leistungsfähigkeit erfahren hat und über den schädlichen Beteiligungserwerb ihre Identität zumindest wirtschaftlich gesehen gewahrt hat.[216] Als Beispiel sei hier eine konzerninterne Umstrukturierung bei gleichbleibendem Mutterunternehmen zu nennen, denn auch hier kann ein schädlicher Beteiligungserwerb gemäß § 8c KStG vorliegen bei dem ausschließlich auf den Anteilserwerb abgestellt wird.[217] Dabei wäre eine Ungleichbehandlung zu anderen verlustfreien Konzernen mit vergleichbarer Leistungsfähigkeit offensichtlich gegeben.[218]

Besonders gravierend wirken sich die steuerlichen Effekte dieses Verstoßes vor dem Hintergrund der Regelung des § 10d EStG aus, welche einen Verlustrücktrag in vergangene Veranlagungszeiträume mit positiven Einkünften auf einen bestimmten Betrag beschränkt und somit den Vortrag von Verlusten in spätere Veranlagungszeiträume erzwingt.[219] Dadurch wird einer möglichen Kompensation der Verlustabzugsbeschränkung durch Verrechnung mit vorangegangenen, schon besteuerten positiven Einkünften der Riegel vorgeschoben. Diese Ausgleichsoption würde jedoch für Fälle des § 8c KStG m.E. ein gerechteres und innerhalb der Mantelkaufproblematik konsequenteres Ergebnis liefern. Da für Fälle des Mantelkaufs letztendlich von einer Änderung der Einflussnahmemöglichkeit auf die betroffene Körperschaft ausgegangen wird und somit mittelbar ein Wechsel zumindest ihrer wirtschaftlichen Identität fingiert wird, kann ab dem Zeitpunkt des schädlichen Beteiligungserwerbs für die Körperschaft von einer neuen steuerlichen und wirtschaftlichen Identität ausgegangen werden. Um hierbei der Besteuerung des Lebenseinkommens gerecht zu werden, müsste für

215 Siehe oben B. I. 2. a).
216 Vgl. *Hans*, FR 2007, S. 779 f.
217 Siehe unten D. III.
218 Vgl. *Werz*, Verlustverrechnungsbeschränkungen, S. 137.
219 Vgl. *Hey*, BB 2007, S. 1306.

das untergegangene Steuersubjekt das Einkommen seiner Totalperiode ermittelt werden und dabei noch nicht steuerlich genutzte Verlustvorträge mit positiven Einkünften aus vorangegangenen Veranlagungszeiträumen verrechnet werden. Da jedoch § 10d EStG diesen Rücktrag generell – also nicht nur für Fälle des Mantelkaufs – deckelt und auch beim Erbfall nicht genutzte Verlustvorträge des Erblassers zum Todeszeitpunkt verfallen,[220] ist diese Verschärfung zumindest steuersystematisch gesehen korrekt und m.E. kein spezielles Problem der Regelung des § 8c KStG.

Für eine mögliche Rechtfertigung des Verstoßes gegen das objektive Nettoprinzip müsste ein gewichtiger, sachlicher Grund vorliegen, der die Ungleichbehandlung bezüglich des Verlustabzugs in Mantelkauffällen ausreichend begründet.[221] Dazu ist zu klären, welchem Zweck die Regelung des § 8c KStG tatsächlich folgt, da beispielsweise rein fiskalische Motive nicht ausreichend für die Begründung eines solch schwerwiegenden Verstoßes gegen das grundlegende, verfassungsrechtlich verankerte Prinzip der Besteuerung nach der individuellen Leistungsfähigkeit sind,[222] sondern gerade an ihm ausgerichtet werden müssen.[223] Wie bereits oben[224] angesprochen, verfolgt der Gesetzgeber mit der Verlustabzugsbeschränkung in Fällen des Mantelkaufs insbesondere den Zweck, den missbräuchlichen Handel mit Verlustvorträgen zu unterbinden. Diesen Zweck scheint der Gesetzgeber jedoch mit der Einführung des § 8c KStG nicht konsequent fortgeführt zu haben. Zwar vertritt er in der Gesetzesbegründung zum Unternehmensteuerreformgesetz 2008 die Ansicht, § 8c KStG aus Vereinfachungsgründen als Ersatz für die als „kompliziert und gestaltungsanfällig"[225] geltende Vorgängerregelung des § 8 Abs. 4 KStG a.F. eingeführt zu haben und somit keinen abweichenden Gesetzeszweck zu verfolgen. Jedoch beinhaltet § 8c KStG beispielsweise das Tatbestandsmerkmal der wirtschaftlichen Identität des § 8 Abs. 4 KStG a.F. nicht

220 Siehe oben B. II. 2. b).
221 Vgl. BVerfG v. 30.9.1998 – 2 BvR 1818/91, BVerfGE 99, S. 96 f.; BVerfG v. 4.12.2002 – 2 BvR 400/98, BVerfGE 107, S. 48; *Jakob*, Einkommensteuer, Rn. 22; *Tipke*, Steuerrechtsordnung, Bd. I, S. 524.
222 Vgl. BVerfG v. 21.6.2006 – 2 BvL 2/99, BVerfGE 116, S. 182; *Hey*, BB 2007, S. 1304; *Mönikes*, Verlustverrechnungsbeschränkungen des EStG, S. 58 m.w.N.
223 Vgl. *Tipke*, Steuerrechtsordnung, Bd. I, S. 494, 524.
224 Siehe oben B. III. 3. a).
225 BT-Drs. 16/4841, S. 34.

mehr explizit, welches Gestaltungen mit missbräuchlichem Charakter treffend typisierte.[226]

Überdies könnte es sich bei § 8c KStG auch um eine reine Fiskalzwecknorm handeln. Jene liegt bei einer Beschränkung bzw. Versagung des Verlustabzugs dann vor, wenn durch das Verbot der steuerlichen Begünstigung durch Verrechnung positiver mit negativen Einkünften ausschließlich das Steueraufkommen des Staates gestärkt werden soll.[227] In der Literatur wird dazu vorherrschend die Meinung vertreten, bei § 8c KStG handle es sich um eine Fiskalzwecknorm in Gestalt einer reinen Gegenfinanzierungsmaßnahme zur Kompensation der Mindereinnahmen aus der Absenkung des Körperschaftsteuersatzes von 25 % auf 15 %.[228] Dies ist grundsätzlich in Verbindung mit einem Verstoß gegen das objektive Nettoprinzip nicht zulässig,[229] womit folglich die Regelung des § 8c KStG unter dieser Zwecksetzung angreifbar wäre.

Welchen Zweck der Gesetzgeber schließlich vorrangig vor nebensächlichen Zielsetzungen und eventuell ungewollten zusätzlichen Wirkungen der Norm mit der Einführung des § 8c KStG tatsächlich verfolgt, kann von einer Perspektive außerhalb des Gesetzgebungsverfahrens wohl nicht zweifelsfrei beurteilt werden.[230] Letztendlich kann nur der Gesetzgeber selbst die Beweggründe zur Änderung der Mantelkaufregelung durch Einführung des neuen § 8c KStG wahrheitsgetreu benennen. Es bleibt dabei jedoch festzuhalten, dass der Gesetzgeber sowie auch der BFH immer wieder den Gedanken der Missbrauchsvermeidung aufgreift und diesen für Argumentationen im Rahmen des § 8c KStG heranzieht.[231]

---

226 Vgl. *Hey*, in: Tipke/Lang, Steuerrecht, § 11 Rz. 58.

227 Vgl. *Bühr*, Verlustverrechnungsbeschränkungen im EStG, S. 15; *Tipke*, Steuerrechtsordnung, Bd. I, S. 77.

228 Vgl. *Beußer*, DB 2007, S. 1552; *Hey*, BB 2007, S. 1304 ff.; *Lenz/Ribbrock*, BB 2007, S. 590; *Suchanek/Herbst*, FR 2007, S. 864; *Zerwas/Fröhlich*, DStR 2007, S. 1935.

229 Vgl. *Tipke*, BB 2007, S. 1532.

230 Vgl. *Werz*, Verlustverrechnungsbeschränkungen, S. 28; *Wiese*, DStR 2007, S. 744.

231 Vgl. BFH v. 14.3.2006 – I R 8/05, DStR 2006, S 1079; BFH v. 5.6.2007 – I R 9/06, DStR 2007, S. 2155; BT-Drs. 11/2157, S. 171; BT-Drs. 16/5377, S. 24, 27.

c) Verstoß gegen das Bestimmtheitsgebot

Soll es sich bei der Neuregelung zum Mantelkauf entsprechend der Gesetzesbegründung tatsächlich um eine Vorschrift zum Zweck der Missbrauchsvermeidung handeln, so müssen die betroffenen Sachverhalte, welche sodann die Rechtsfolgen des § 8c KStG auslösen, exakt und unzweifelhaft im Gesetzeswortlaut oder zumindest den dazugehörigen Anwendungsschreiben der Finanzverwaltung bestimmt und unter Berücksichtigung der normativen Zwecksetzung abgrenzbar sein. Nur so kann grundsätzlich die Anwendung der Verlustabzugsversagung beschränkt auf missbräuchliche Fälle gewährleistet werden.[232] Schließlich muss dem Steuerpflichtigen schon im Vorfeld ersichtlich sein, welche Erwerbs- und Übertragungsvorgänge auf Gesellschafterebene einer Körperschaft zur belastenden Wirkung des § 8c KStG führen, um ihm mehr Planungssicherheit und somit die Vermeidung ungewollter steuerlicher Effekte zu ermöglichen.[233]

Gerade für Regelungen zum Zweck der Missbrauchsvermeidung spielt das Gebot der Bestimmtheit der Normen eine gewichtige Rolle, da diese überwiegend belastende Rechtsfolgen nach sich ziehen. Auch die Verlustverrechnungsbeschränkung des § 8c KStG birgt belastende Auswirkungen, indem sie den Abzug steuerlicher Verlustvorträge von positiven Einkünften unterbindet.[234]

Das Gebot der Bestimmtheit gesetzlicher Regelungen wird als Ausfluss des Grundsatzes der Gesetzmäßigkeit der Besteuerung systematisiert und ist somit unter dem grundlegenden Rechtsstaatsprinzip in Art. 20 Abs. 3 GG verfassungsrechtlich verankert.[235] Dass diese Bestimmtheit nicht absolut umsetzbar ist, scheint schon aus rein praktischen Erwägungen zu resultieren, da steuerliche Sachverhalte meist sehr komplex sind und somit faktisch nicht in anwendbaren Regelungsnormen ohne generalisierende Begriffe erfasst werden könnten. Auch das BVerfG vertritt dazu die Meinung, dass speziell im Steuerrecht auf „Generalklauseln und unbestimmte Rechtsbegriffe“[236] nicht verzichtet werden könne.[237]

---

232 Vgl. *Lenz/Ribbrock*, BB 2007, S. 589; *Zerwas/Fröhlich*, DStR 2007, S. 1936.

233 Vgl. BVerfG v. 3.11.1982 – 1 BvR 210/79, BVerfGE 62, S. 182 f.; BVerfG v. 17.7.2003 – 2 BvL 1, 4, 6, 16, 18/99, 1/01, BVerfGE 108, S. 235.

234 Siehe oben C. II. 2.

235 Vgl. *Lang*, in: Tipke/Lang, Steuerrecht, § 4 Rz. 150 ff.; *Tipke*, Steuerrechtsordnung, Bd. I, S. 137.

236 BVerfG v. 10.10.1961 – 2 BvL 1/59, BVerfGE 13, S. 161.

237 Vgl. BVerfG v. 9.11.1988 – 1 BvR 243/86, BVerfGE 79, S. 120.

Damit drängt sich die Frage auf, ob § 8c KStG Rechtsbegriffe enthält, welche zu unbestimmt und somit ohne weitere Konkretisierung nicht bestimmbar sind, um dem Bestimmtheitsgebot noch gerecht zu werden. Im Vergleich zur Vorgängerregelung des § 8 Abs. 4 KStG a.F. enthält der neue § 8c KStG keines der strittigen Tatbestandsmerkmale mehr, welche den Gesetzgeber zur Neufassung der Mantelkaufregelung motiviert haben.[238] Dennoch weist die Vorschrift neue offene und unbestimmte Tatbestandsmerkmale auf, die teilweise schon durch das BMF-Schreiben vom 4.7.2008[239] genauer definiert worden sind.[240] Am schwierigsten zu handhaben ist auch nach der Veröffentlichung der Anwendungshinweise der Finanzverwaltung das Tatbestandsmerkmal des vergleichbaren Sachverhalts (§ 8c Abs. 1 Satz 1 Alt. 2 KStG). Das BMF-Schreiben vom 4.7.2008 führt bezüglich dieses sehr unpräzise gefassten Begriffs lediglich eine Aufzählung von Beispielen an, ohne die darunter zu subsumierenden Sachverhalte typisierend abzugrenzen.[241] Geht man hierbei im Rahmen der Auslegung des Rechtsbegriffs ausschließlich von den im Gesetz und den Anwendungshinweisen der Finanzverwaltung vorgegebenen Anhaltspunkten aus, so ist das Tatbestandsmerkmal des vergleichbaren Sachverhalts m.E. nicht greifbar und verstößt somit gegen das Bestimmtheitsgebot. Hält man sich jedoch an die grundlegende Intention der Vorschrift und subsumiert unter vergleichbaren Sachverhalten lediglich die, einem Anteilserwerb wirtschaftlich gesehen gleichwertigen Übertragungen von Rechtspositionen,[242] so könnte von einer ausreichenden Bestimmtheit ausgegangen werden.[243] Schließlich nimmt die „Auslegungsbedürftigkeit (…) einer gesetzlichen Regelung noch nicht die rechtsstaatlich gebotene Bestimmtheit“.[244] Das Tatbestandsmerkmal des vergleichbaren Sachverhalts geht mit dem Ziel einer normgerechten Anwendung m.E. jedoch weit über eine bloße Auslegungsbedürftigkeit hinaus, da abgesehen vom ebenfalls strittigen Normzweck[245] keine verlässlichen grundlegenden Anhaltspunkte für eine zielgenaue Bestimmung des Anwendungsbereichs gege-

---

238 Vgl. BT-Drs. 16/4841, S. 34; *Schwedhelm*, GmbHR 2008, S. 407.
239 Vgl. BMF-Schreiben v. 4.7.2008 – IV C 7 – S 2745-a/08/10001, DB 2008, S. 1598 ff.
240 Siehe oben C. II.
241 Vgl. BMF-Schreiben v. 4.7.2008 – IV C 7 – S 2745-a/08/10001, DB 2008, S. 1599 Tz. 7.
242 Siehe oben C. II. 1. c) (2).
243 Vgl. *Schwedhelm*, GmbHR 2008, S. 407 m.w.N.
244 BVerfG v. 14.3.1967 – 1 BvR 334/61, BVerfGE 21, S. 215; BVerfG v. 7.7.1971 – 1 BvR 775/66, BVerfGE 31, S. 264.
245 Siehe oben C. IV. 1. b).

ben werden. Dieser unbestimmte Rechtsbegriff ist somit nicht in befriedigender Weise bestimmbar.[246]

Auch der Begriff der gleichgerichteten Interessen wird weder im Normtext selbst, noch im Rahmen der Anwendungshinweise der Finanzverwaltung näher erläutert und stellt für die Praxisanwendung eine schwer kalkulierbare Tatbestandsvoraussetzung dar. Die restriktionslose Anwendung dieses Tatbestandsmerkmals auf jegliche Art von Interessen ohne Beschränkung auf die Verlustnutzungsabsicht[247] eröffnet eine fast uneingeschränkte Möglichkeit, jedem beliebigen Kreis von Erwerbern ein gleichgerichtetes Interesse einzuräumen.[248]

Schlussendlich sind die soeben herausgegriffenen Tatbestandsmerkmale nicht die einzigen der Vorschrift, welche einer genaueren Konkretisierung bedürfen. Auch die Rechtsbegriffe Beteiligungsrecht,[249] Übertragung[250] und nahe stehende Personen[251] beispielsweise stehen unter starker Kritik.

Geht man schließlich von einer grundsätzlich restriktiven Auslegung gemessen am Sinn und Zweck des Grundtatbestands eines schädlichen Beteiligungserwerbs aus missbräuchlichen Beweggründen aus, so liegt trotzdem ein Verstoß gegen das Bestimmtheitsgebot vor. Immerhin ist beispielsweise der Begriff des vergleichbaren Sachverhalts zu allgemein formuliert, als das dem Steuerpflichtigen diesbezüglich eine angemessene Planungssicherheit eingeräumt werden kann. In Bezug auf das Merkmal der gleichgerichteten Interessen wird eine restriktive Auslegung am Zweck des Grundtatbestandes aus Sicht der Finanzverwaltung sogar grundsätzlich abgelehnt, was ebenfalls Unsicherheiten in der Steuerplanung nach sich zieht. Letztlich müssen für eine aussagekräftige Würdigung der kritischen Begriffe des § 8c KStG die Auslegungs- und Rechtsprechungsgrundsätze abgewartet werden, welche die Finanz- und Verfassungsgerichtsbarkeit diesbezüglich in Zukunft entwickeln wird, um eine angemessene Planungssicherheit im Rahmen der neuen Mantelkaufregelung zu gewährleisten.

---

[246] Vgl. zu unbestimmbaren Rechtsbegriffen *Hey*, Steuerplanungssicherheit, S. 553 f.; *Jehke*, Bestimmtheit und Klarheit im Steuerrecht, S. 135 f.

[247] Vgl. BMF-Schreiben v. 4.7.2008 – IV C 7 – S 2745-a/08/10001, DB 2008, S. 1600 Tz. 27.

[248] Vgl. *Hans*, FR 2007, S. 780.

[249] Vgl. *Frotscher*, in: Frotscher/Maas, KStG/UmwStG, § 8c KStG Rn. 21 ff.; *Meiisel/Bokeloh*, BB 2008, S. 809 f.; *von Freeden*, in: Schaumburg/Rödder, Unternehmensteuerreform 2008, S. 524 ff.

[250] Vgl. *Frotscher*, in: Frotscher/Maas, KStG/UmwStG, § 8c KStG Rn. 27 ff.; *Suchanek*, GmbHR 2008, S. 293; *Zerwas/Fröhlich*, DStR 2007, S. 1933 f.

[251] Vgl. *Frotscher*, in: Frotscher/Maas, KStG/UmwStG, § 8c KStG Rn. 48 ff.; *Lang*, DStZ 2007, S. 653 f.; *Zerwas/Fröhlich*, in: PWC, Unternehmensteuerreform 2008, Rn. 1528 ff.

Überdies muss in diesem Zusammenhang berücksichtigt werden, dass das BVerfG für Steuernormen bislang eine sehr hohe Hürde für die Bestätigung von Verstößen gegen das Bestimmtheitsgebot angewandt hat, da es Klagen diesbezüglich immer verneint hat und folglich noch fast keine Steuernorm als zu unbestimmt erklärt hat.[252] Immerhin sind die in ihrer Interpretation strittigen Begriffe des § 8c KStG nicht mehr oder weniger unbestimmt, als die vom BVerfG für nicht zu unbestimmt erklärten Klauseln des Steuerrechts, wie beispielsweise „außergewöhnliche Belastungen"[253].[254]

d) Zwischenergebnis

Einschränkungen in der Befolgung grundlegender steuerrechtlicher Prinzipien sind grundsätzlich nicht vollkommen ausgeschlossen. Vielmehr bedarf es dafür eines sachlichen Rechtfertigungsgrundes.[255]

Die neue Mantelkaufregelung des § 8c KStG verstößt gegen das körperschaftsteuerliche Trennungsprinzip, da sie die klare Grenze zwischen der Ebene der Körperschaft und der Ebene der Anteilseigner durch ihre durchgreifende Wirkungsweise verwischt. Darüber hinaus erteilt die Rechtsfolgensetzung des § 8c KStG der Besteuerung nach dem objektiven Nettoprinzip eine Absage, da hierdurch die individuelle Leistungsfähigkeit des Steuerpflichtigen mittels einer teilweisen oder vollständigen Versagung des Verlustabzugs für steuerliche Zwecke verfälscht wird. Auch ein Verstoß gegen das Bestimmtheitsgebot liegt hierbei vor, indem die neue Regelung zum Mantelkauf einige Begriffe enthält, welche zu unbestimmt und auslegungsbedürftig sind, als dass man sie mit ausreichender Planungssicherheit interpretieren und anwenden könnte.

Da § 8c KStG somit zum aktuellen Stand augenscheinlich wegen eines Verstoßes gegen das Trennungsprinzip, das objektive Nettoprinzip sowie gegen das Bestimmtheitsgebot angreifbar ist, stellt sich diesbezüglich die Frage nach einem sachlichen Rechtfertigungsgrund. Im ursprünglichen Gesetzeszweck der Miss-

---

252 Vgl. *Tipke*, Steuerrechtsordnung, Bd. I, S. 138 f.; *Lang*, in: Tipke/Lang, Steuerrecht, § 4 Rz. 168 f.; Zur erstmaligen Bestätigung des Verstoßes gegen das Gebot der Normenklarheit BVerfG v. 13.6.2007 – 1 BvR 1550/03, 1 BvR 2357/04, 1 BvR 603/05, BStBl. II 2007, S. 896 ff.

253 BVerfG v. 13.12.1966 – 1 BvR 512/65, BVerfGE 21, S. 3.

254 Vgl. für weitere Beispiele *Tipke*, Steuerrechtsordnung, Bd. I, S. 139 m.w.N.

255 Vgl. BVerfG v. 30.9.1998 – 2 BvR 1818/91, BVerfGE 99, S. 95 ff.; BVerfG v. 4.12.2002 – 2 BvR 400/98, BVerfGE 107, S. 48.

brauchsvermeidung könnte ein solcher Rechtfertigungsgrund gesehen werden. Ob jedoch dieser Zweck mit der Einführung des § 8c KStG tatsächlich erreicht wird, ist zu diesem Zeitpunkt noch nicht abschließend festlegbar, womit eine Rechtfertigung anhand des Zwecks der Regelung m.E. derzeit ausscheidet. Allein vor dem Hintergrund des Grundsatzes der Individualbesteuerung ist das Verlustabzugsverbot der Mantelkaufregelung als steuersystematisch konsequent einzuordnen,[256] da bei einem Anteilseignerwechsel wirtschaftlich betrachtet die Identität der betroffenen Personen nicht mehr gewährleistet ist. Im Rahmen der steuerlichen Berücksichtigung von Verlusten gilt jedoch gerade der Grundsatz der Personenbezogenheit, womit das Erlöschen eines Verlustvortrags in Mantelkauffällen grundsätzlich den Besteuerungsprinzipien der Verlustverrechnung entspricht.
Zuletzt ist es m.E. jedoch nicht überzeugend, dass eine nur punktuell steuersystematische Konsequenz allein in Form der Befolgung des Grundsatzes der Individualbesteuerung zur Rechtfertigung eines Verstoßes gegen grundlegende, teilweise auch verfassungsrechtlich verankerte Besteuerungsprinzipien genügt. Immerhin zeichnet sich das System des KStG dem entgegen insbesondere durch die Zuweisung einer eigenen Steuerrechtssubjektivität für Körperschaften aus, welche durch die Missachtung des Trennungsprinzips negiert wird. Somit liegt für einen Verstoß gegen das Trennungsprinzip sowie gegen das Prinzip der Besteuerung nach dem objektiven Nettoprinzip kein ausreichender Rechtfertigungsgrund vor. Bezüglich des Bestimmtheitsgebots spricht allerdings schon die Historie der dazu vom BVerfG ergangenen Rechtsprechung gegen einen Verstoß durch die in § 8c KStG verwendeten Rechtsbegriffe.

2. Rechtspolitische Bewertung

Die soeben herausgearbeitete Angreifbarkeit auf verfassungsrechtlicher Ebene stellt die neu eingeführte Norm auf eine unsichere Basis. Die Diskussion um die Regelung des § 8c KStG wird aktuell jedoch nicht nur um rein steuersystematische Aspekte geführt, sondern auch um praktische Erwägungen, welche vor allem wirtschafts- und rechtspolitisch bedenkliche Kritik hervorrufen.

---

256 Vgl. *Eckhoff*, Verluste im Einkommensteuerrecht, in: DStJG 2005, S. 23.

a) Differenzierende Rechtsfolge

Während § 8 Abs. 4 KStG a.F. noch einen bestehenden Verlustvortrag bei einem Anteilseignerwechsel von mindestens 50 % der Körperschaftsanteile vollständig von einem Verlustabzug nach § 10d EStG ausschloss, sieht § 8c KStG eine differenziertere Rechtsfolge vor. Hierbei hängt die Reichweite der Versagung der Verlustverrechnung von der quotalen Höhe der übertragenen Anteile ab und richtet sich anteilig danach, solange der Erwerb zwischen 25 % und 50 % liegt.[257] Bei einer Übertragung von mehr als 50 % der Anteile entspricht die Rechtsfolge wieder der vollständigen Verlustversagung der Vorgängerregelung des § 8 Abs. 4 KStG a.F.[258] Diese Abstufung ist grundsätzlich zu begrüßen, da sie überwiegend zu wirtschaftlich gerechteren Ergebnissen führt, indem sie einem nur teilweisen Verlust der wirtschaftlichen Identität auf Anteilseignerebene der Körperschaft durch ebenfalls nur quotale Verlustabzugsversagung Rechnung trägt. Das jedoch bei einem derart geringen Anteilserwerb von nur wenig mehr als 25 % schon von einer Änderung in der Einflussnahmemöglichkeit auf die Belange der Körperschaft ausgegangen werden kann ist keineswegs überzeugend und entspricht wohl in den wenigsten Fällen der Praxis für ein in der Rechtsform der Körperschaft geführtes Unternehmen.[259]

b) Erwerberstruktur

Ebenfalls als positive Veränderung zur Vorgängerregelung des § 8 Abs. 4 KStG a.F. anzumerken ist die Verbesserung der Anforderungen an die Erwerberstruktur innerhalb des neu eingeführten Tatbestands des schädlichen Beteiligungserwerbs (§ 8c Abs. 1 Satz 1 KStG). Die Rechtsfolgen der alten Mantelkaufregelung traten immer dann ein, wenn neben den sonst geforderten Tatbestandsmerkmalen mehr als 50 % der Anteile an einer Kapitalgesellschaft übertragen wurden (§ 8 Abs. 4 Satz 2 KStG a.F.). Dabei war es unwichtig, ob die Anteile auf einen oder mehrere Anteilseigner übergegangen waren.[260] Für die neue Mantelkaufregelung kommt es

---

[257] Siehe oben C. II. 2. a).
[258] Siehe oben C. II. 2. b).
[259] Vgl. *Lenz/Ribbrock*, BB 2007, S. 589; *Olbing*, in: Streck, KStG, § 8c Rn. 1; *Vogl*, in: Köllen/Vogl/Wagner, Lehrbuch KSt, Rn. 807.
[260] Vgl. BMF-Schreiben v. 16.4.1999 – IV C 6 – S 2745 – 12/99, BStBl. I 1999, S. 457 Tz. 5.

aber gerade darauf an, wie der Erwerberkreis, welcher den schädlichen Beteiligungserwerb trägt, aufgebaut ist. Grundsätzlich wird für die Bestimmung der schädlichen Erwerbsgrenze der einzelne Erwerber betrachtet (§ 8c Abs. 1 Satz 1 und 2 KStG). Mehrere Erwerber werden dafür ausschließlich dann zu einem als einheitlicher Erwerber behandelten Erwerberkreis zusammengefasst, wenn zwischen ihnen eine Verbindung in Form von gleichgerichteten Interessen oder einem Näheverhältnis besteht.[261] Dies stimmt vollkommen mit dem in der Gesetzesbegründung angeführten Grundgedanken der Änderung der wirtschaftlichen Einflussnahmemöglichkeit auf die betroffene Körperschaft überein.[262] Verteilt sich der Anteilserwerb auf mehrere Erwerber, die keinem Erwerberkreis gemäß § 8c KStG angehören, so kann der gesonderte Einfluss des einzelnen Mindergesellschafters auf den Entscheidungsprozess einer Körperschaft ohne weitere gleichgesinnte Stimmberechtigte auch keine maßgeblichen Auswirkungen hervorrufen. Somit hat in diesem Fall keine Änderung der faktischen Einflussnahmemöglichkeiten stattgefunden, da sich diese Erwerber nicht nahestehen und auch keine gleichgerichteten Interessen verfolgen.

Dies gilt beispielsweise für den Börsengang einer Aktiengesellschaft, bei dem mehr als 50 % der Anteile durch eine Vielzahl an Neuaktionären erworben werden können. Für diese Fälle liefert die neue Mantelkaufregelung des § 8c KStG somit ein sachgerechteres Ergebnis als ihre Vorgängerregelung, da sie ihre Rechtsfolge der Verlustabzugsbeschränkung grundsätzlich am tatsächlichen Wechsel der Einflussnahmemöglichkeiten auf die betroffene Aktiengesellschaft fest macht. Auch ein hierbei notwendiger, nur vorübergehender Erwerb aller neu auszugebenden Aktien durch eine sogenannte Emissionsbank, welche sodann die Zuteilung der Aktien an die Aktionäre vornimmt,[263] ist laut Finanzverwaltung für einen schädlichen Beteiligungserwerb unschädlich.[264] Immerhin liegt auch hierbei faktisch keine Möglichkeit der wirtschaftlichen Einflussnahme durch die Emissionsbank vor,[265] womit die Finanzverwaltung diese Sachverhalte konsequent der Gesetzesbegründung folgend behandelt.

---

[261] Siehe oben C. II. 1. c) (1) (d).
[262] Vgl. BT-Drs. 16/4841, S. 76.
[263] Vgl. *Wild/Sustmann/Papke*, DStR 2008, S. 856.
[264] Vgl. BMF-Schreiben v. 4.7.2008 – IV C 7 – S 2745-a/08/10001, DB 2008, S. 1599 Tz. 3.
[265] Vgl. *Dörr*, NWB 2007, S. 5195.

c) Provokation gestalterischer Umgehungsmanöver

Selbst ohne missbräuchliche Motivation ist Ziel eines jeden Unternehmens – und somit auch einer jeden Körperschaft – das finanzielle Ergebnis unter anderem aus steuerlicher Sicht zu optimieren. Im Rahmen der Verlustabzugsbeschränkung des § 8c KStG stellt sich folglich das steueroptimale Gestaltungsziel, die Versagung des Verlustabzugs möglichst gering zu halten, um noch nicht genutzte Verluste weitgehend mit positiven Einkünften saldieren zu können. Vor diesem Hintergrund ist es für Körperschaften unvermeidbar, im Vorfeld einer Transaktion Gestaltungsmöglichkeiten zu analysieren, welche die Erfüllung des Tatbestands des schädlichen Beteiligungserwerbs gemäß § 8c KStG vermeiden und folglich zu steueroptimalen Ergebnissen führen können. Damit ist die Basis für ein bemerkenswertes Potenzial an Umgehungsmanövern gelegt, welches durch die bestehenden Unsicherheiten in der Auslegung und Anwendung der neuen Mantelkaufregelung[266] zusätzlich verstärkt wird.[267] Auch in der Literatur findet sich eine Vielzahl an Diskussionsbeiträgen, welche eine beachtliche Menge an Vermeidungsstrategien in Form von alternativen Transaktionsgestaltungen offerieren.[268] Dabei ist wohl diejenige Variante am naheliegendsten, bei der der Übertragungsvorgang auf mehrere einzelne Ereignisse über einen Zeitraum größer als fünf Jahre aufgeteilt wird. Auf diese Weise kann der betroffene Erwerberkreis innerhalb des betrachteten Zeitraums jeweils unterhalb der kritischen Grenze von 50 % bleiben und umgeht somit die Rechtsfolge der vollständigen Verlustabzugsversagung des § 8c Abs. 1 Satz 2 KStG. Dieser Möglichkeit hat der Gesetzgeber jedoch mit der Entscheidung, die Grundsätze der Gesamtplanrechtsprechung zur Anwendung auf § 8c KStG zuzulassen,[269] einen einschränkenden Riegel vorgeschoben. Dabei werden einzelne Übertragungen, die einem Gesamtplan unterliegen, als ein Vorgang angesehen und lösen somit trotzdem die Rechtsfolge des § 8c Abs. 1 Satz 2 KStG aus. Hierunter fallen insbesondere bewusst aufgespaltete Erwerbsvorgänge, wie sie als oben genannte Umgehungsmanöver vorgeschlagen werden.

---

266 Siehe oben C. IV. 1. c).

267 Vgl. *Grützner*, StuB 2008, S. 623.

268 Vgl. *Avella/Ziegler*, StC 10/2008, S. 29 ff.; *Harle/Geiger*, GmbHR 2008, S. 873 ff.; *Neumann/Stimpel*, GmbHR 2007, S. 1196 ff.; *Sistermann/Brinkmann*, DStR 2008, S. 902 f.

269 Vgl. BMF-Schreiben v. 4.7.2008 – IV C 7 – S 2745-a/08/10001, DB 2008, S. 1600 Tz. 19; siehe auch oben C. II. 1. c) (1) e).

Faktisch kann ein, den unterschiedlichen Vorgängen übergeordneter, Gesamtplan jedoch nur für einen relativ engen Zeitraum unwiderleglich nachgewiesen werden. Da die Grundlage des Vorliegens eines Gesamtplans aus dem subjektiven, äußerlich nicht sichtbaren Willen des Steuerpflichtigen besteht, kann die Finanzverwaltung die Sachlage nicht unangreifbar bestreiten, wenn der Steuerpflichtige angibt, über einen Zeitraum von fünf Jahren bei den einzelnen Erwerbsvorgängen aus unterschiedlichen Motiven gehandelt zu haben.[270] Schließlich kann sich die in der Nachweispflicht befindende Finanzverwaltung oder Rechtsprechung dabei nur an äußerlich sichtbare Anzeichen halten,[271] welche im Rahmen des § 8c KStG grundsätzlich nur bei einem zeitlichen Zusammenhang von bis zu einem Kalenderjahr gegeben sind.[272] Letztlich müssen auch hierbei jeweils die individuellen Verhältnisse des Einzelfalls berücksichtig werden.

Ferner ist auch zu bedenken, dass für missbräuchliche Gestaltungen § 42 AO neben § 8c KStG anwendbar bleibt (§ 42 Abs. 1 Satz 3 AO), wenn der Sachverhalt nicht schon von § 8c KStG erfasst wird.[273] Die Voraussetzungen des § 42 AO sind somit eventuell zusätzlich zu prüfen,[274] was konsequenterweise die Komplexität der Gestaltungen, sowie auch den Verwaltungsaufwand intensiviert. Dem kommt jedoch bezogen auf die Umgehungsproblematik keine signifikante Gewichtung zu, da nicht jeglicher Versuch, Verlustvorträge optimal zu nutzen, als missbräuchliche Gestaltung gewürdigt wird. Schließlich erfüllt „ein möglichst vollständiger Verlustausgleich“[275] als Zielsetzung allein grundsätzlich nicht den Missbrauchstatbestand gemäß § 42 AO.

Womöglich wird es zum Zwecke der Umgehung somit zu komplizierten und auf längere Zeit angelegten Gestaltungen führen,[276] was m.E. zu erhöhtem Verwaltungsaufwand und Diskussionsbedarf – und gerade nicht zu einer einfacheren Handhabung der Regelung seitens der Finanzverwaltung und der betroffenen Steuerpflichtigen – führen wird.

---

270 Vgl. *Spindler*, DStR 2005, S. 3 f.

271 Vgl. *Spindler*, DStR 2005, S. 3.

272 Vgl. BMF-Schreiben v. 4.7.2008 – IV C 7 – S 2745-a/08/10001, DB 2008, S. 1600 Tz. 19; *Harle/Geiger*, GmbHR 2008, S. 877.

273 Vgl. *Drüen*, in: Tipke/Kruse, AO/FGO, Vor § 42 AO Tz. 14.

274 Vgl. *Suchanek*, in: Herrmann/Heuer/Raupach, EStG/KStG, § 8c KStG Anm. J 07-4.

275 BFH v. 19.8.1999 – I R 77/96, BStBl. II 2001, S. 45.

276 Vgl. *Beußer*, DB 2007, S. 1552; *Kußmaul/Richter/Tcherveniachki*, GmbHR 2008, S. 1017.

d) Signifikante Praxisschwächen

Zum Zwecke der Vereinfachung der Mantelkaufregelung hat der Gesetzgeber bei der Ausgestaltung des § 8c KStG beispielsweise auf den Ausnahmetatbestand für Härtefälle von Unternehmenssanierungen verzichtet, wie sie in der Vorgängerregelung des § 8 Abs. 4 KStG a.F. noch vorzufinden war.[277] Daneben weist § 8c KStG noch weitere Schwachpunkte auf, welche in der praktischen Umsetzung der Norm zu wirtschaftlich unsachgemäßen Ergebnissen führen oder die Anwendung unverhältnismäßig erschweren.

(1) Sanierungsfähige Unternehmen

Der neue § 8c KStG enthält keine privilegierende Ausnahmeklausel für Konstellationen, in denen ein insolvenzreifes Unternehmen saniert werden soll. Dies liegt vorrangig am Wegfall des Tatbestandsmerkmals der Zuführung überwiegend neuen Betriebsvermögens (§ 8 Abs. 4 Satz 2 KStG a.F.), auf welchem die besondere Behandlung von Sanierungsfällen in der Vorgängerregelung zum Mantelkauf basierte (§ 8 Abs. 4 Satz 3 KStG a.F.).[278] Somit verfallen aktuell auch in Sanierungsfällen grundsätzlich die bis dahin noch nicht genutzten Verluste und können mit eventuell später erzielten Gewinnen im Rahmen der Sanierungstätigkeit nicht verrechnet werden. Dies widerspricht jedoch der Intention des Gesetzgebers, die Versagung des Verlustabzugs auf die Änderung der Einflussnahmemöglichkeit auf die Körperschaft zu stützen. Schließlich ändert ein Anteilseignerwechsel, welcher ausschließlich Sanierungszwecken dient, keineswegs grundsätzlich schon die wirtschaftliche Identität und Einheit der betroffenen Verlustgesellschaft, da eine Sanierung optimalerweise gerade auf deren Erhalt und den Fortbestand des dazugehörigen Geschäftsbetriebs abzielt.[279] Überdies sind die Änderungen in der Beteiligungsstruktur im Rahmen einer Sanierung von Grund auf nur für einen begrenzten Zeitraum – das heißt bis zum Abschluss des Sanierungsprozesses – vorgesehen.[280] Auch die Zielsetzung der Vermeidung missbräuchlicher Konstella-

[277] Siehe oben C. I. 2. a) (2).
[278] Vgl. *Lang*, DStZ 2007, S. 660 f.
[279] Vgl. *Brendt*, in: Erle/Sauter, KStG, § 8 Rn. 621; *Lenz/Ribbrock*, BB 2007, S. 590.
[280] Vgl. *Krystek*, in: Gabler Wirtschaftslexikon, „Sanierung“ S. 3323.

tionen scheint m.E. durch die Missachtung der besonderen Sachlage einer echten und wirksamen Sanierung weit überschritten.

Der Gesetzgeber wälzt die Verantwortung über diesen Bereich auf die Finanzverwaltung ab,[281] welche diesbezüglich die Anwendung des Sanierungserlasses vom 27.3.2003[282] zulässt.[283] Darin ist geregelt, dass ein Steuerpflichtiger auf Antrag Sanierungsgewinne mit Verlustvorträgen und negativen Einkünften sowie auch mit Verlusten verrechnen kann, welche aufgrund gesetzlicher Bestimmungen von einer Verrechnung mit anderen Einkünften ausgeschlossen sind.[284] Dies trifft insbesondere auch auf Verluste zu, die von den Rechtsfolgen des § 8c KStG erfasst werden. Überdies können nach einer Saldierung mit Verlusten stehen bleibende Gewinne aus Sanierungstätigkeit auch gestundet oder gar erlassen werden.[285] Da diese Ausnahme ausschließlich bei Vorliegen sachlicher Billigkeitsgründe und unzumutbarer Härte gewährt wird,[286] entscheidet jede Finanzbehörde auf Basis individueller Erwägungen, wobei auch an dieser Stelle eine große Planungsunsicherheit für betroffene Körperschaften und deren Anteilseigner entsteht.[287]

Die überwiegende Ansicht in der Literatur hält jedoch die Anwendung des Sanierungserlasses auf Sachverhalte, die unter § 8c KStG zu subsumieren sind, aus verschiedenen Gründen ohnehin für ausgeschlossen.[288] Überdies hat das FG München mit Urteil vom 12.12.2007[289] entschieden, dass der Sanierungserlass des BMF-Schreibens vom 27.3.2003 grundsätzlich abzulehnen ist, da er gegen den Grundsatz der Gesetzmäßigkeit der Verwaltung verstößt. Vor dem Hintergrund der Abschaffung des § 3 Nr. 66 EStG a.F. sieht das FG keine Rechtfertigung mehr, solch „eine generell abstrakte Verwaltungsregelung“[290] den individuellen Billigkeitserwägungen der Finanzverwaltung zu eröffnen. Schließlich sei die Abschaffung des § 3 Nr. 66 EStG a.F. eine prinzipielle Absage an das Vorliegen

---

281 Vgl. BT-Drs. 16/4841, S. 35; *Meiisel/Bokeloh*, BB 2008, S. 815.
282 Vgl. BMF-Schreiben v. 27.3.2003 – IV A 6 – S 2140 – 8/03, DStR 2003, S. 690 ff.; ausführlicher dazu vgl. *Geist*, BB 2008, S. 2660 ff.
283 Vgl. BMF-Schreiben v. 4.7.2008 – IV C 7 – S 2745-a/08/10001, DB 2008, S. 1601 Tz. 34.
284 Vgl. BMF-Schreiben v. 27.3.2003 – IV A 6 – S 2140 – 8/03, DStR 2003, S. 691 Tz. 8.
285 Vgl. BMF-Schreiben v. 27.3.2003 – IV A 6 – S 2140 – 8/03, DStR 2003, S. 691 Tz. 8.
286 Vgl. BMF-Schreiben v. 27.3.2003 – IV A 6 – S 2140 – 8/03, DStR 2003, S. 691 Tz. 8.
287 Vgl. *Beußer*, DB 2007, S. 1551.
288 Vgl. *Avella/Ziegler*, StC 10/2008, S. 28 m.w.N.; *Wiese*, DStR 2007, S. 745.
289 Vgl. FG München v. 12.12.2007 – 1 K 4487/06, EFG 2008, S. 615 ff.
290 Vgl. FG München v. 12.12.2007 – 1 K 4487/06, EFG 2008, S. 615.

sachlicher Unbilligkeitsgründe bei der Besteuerung von Sanierungsgewinnen.[291] Der BFH[292] hat sich dazu aktuell im Revisionsverfahren noch nicht abschließend geäußert.

Sollte eine Ausnahmeregelung für Sanierungsfälle im Rahmen des § 8c KStG auch zukünftig nicht verwirklicht werden, so werden Investoren wohl überwiegend von einer Rettung sanierungsfähiger Unternehmen absehen, da der Überhang steuerlicher Nachteile die wirtschaftlichen und sozialpolitischen Vorteile in den meisten Fällen überdeckt. Dies würde nicht zur Förderung der Attraktivität und zur Stärkung des Wirtschaftsstandorts Deutschland beitragen. Überdies würde es zu sozialpolitisch inakzeptablen Ergebnissen führen, da eine sinnvoll durchgeführte Sanierung den bislang gefährdeten Geschäftsbetrieb erhalten kann und somit grundsätzlich Arbeitsplätze zu sichern vermag.[293] Letztendlich entlasten erfolgreiche Sanierungen in logischer Konsequenz das deutsche Sozialsystem, da dadurch Ausgaben wie Arbeitslosengeld und Sozialhilfe vermieden werden können. Ob schließlich Sanierungsfälle im Rahmen des § 8c KStG sachgerecht und umfassend berücksichtigt werden können, wenn der Sanierungserlass weiterhin anwendbar ist, ist m.E. ebenfalls mehr als kritisch zu beurteilen. Immerhin fehlt es in diesem Zusammenhang an ausreichender Planungssicherheit, welche ausschließlich durch eine klarstellende Sanierungsklausel innerhalb der neuen Mantelkaufregelung gewährleistet werden könnte.[294]

(2) Konzernsachverhalte

Gemäß § 18 Abs. 1 Satz 1; Abs. 2 AktG ist unter dem Begriff eines Konzerns eine Gruppe aus mindestens zwei rechtlich selbständigen Unternehmen zu verstehen, welche durch eine übergeordnete einheitliche Leitung miteinander in Verbindung stehen. Da dieses Gebilde regelmäßig einen eigenen Konzernabschluss erstellen muss (§§ 290 ff. HGB), stellt zumindest wirtschaftlich gesehen ein Konzern ein eigenständiges Subjekt dar. Immerhin kann ein Konzern aus mehreren, über vielschichtige Beteiligungsketten zusammenhängenden Unternehmen bestehen,

---

[291] Vgl. FG München v. 12.12.2007 – 1 K 4487/06, EFG 2008, S. 615 f.

[292] Vgl. anhängig beim BFH – VIII R 2/08.

[293] Vgl. *Brendt*, in: Erle/Sauter, KStG, § 8 Rn. 626 m.w.N.; *Zerwas/Fröhlich*, in: PWC, Unternehmensteuerreform 2008, Rn. 1624.

[294] Vgl. *Wiese*, DStR 2007, S. 745.

welche jedoch wirtschaftlich betrachtet vor allem vor dem Hintergrund der Rechnungslegungspflicht eine Einheit bilden.[295] Steuerrechtlich wird für die Institution des Konzerns der Begriff der Organschaft verwendet,[296] wobei ebenfalls von der „wirtschaftlichen Einheit mehrerer rechtlich selbständiger Unternehmen“[297] ausgegangen wird. Diese Einheit erstreckt sich vor allem auch auf die Ebene der körperschaftsteuerlichen Einkünfteermittlung. Die zunächst bei jedem einzelnen dem Konzern zugehörigen Unternehmen (Organgesellschaft) getrennt zu ermittelnden Einkünfte werden letztlich der einheitlichen Leitung des Konzerns (Organträger) zugerechnet,[298] was vor allem auch dem Zweck der Erstellung des Konzernabschlusses dient.

Die Frage nach einer konzerngerechten Betrachtung im Rahmen der Bestimmung des Vorliegens eines schädlichen Beteiligungserwerbs gemäß § 8c KStG basiert insbesondere auf der im Gesetzestext verankerten Einbeziehung nicht nur unmittelbarer, sondern auch mittelbarer Anteilserwerbe. Bezogen auf die Mantelkaufproblematik stellt sie sich erstmalig in diesem Ausmaß, da in den Vorgängerregelungen grundsätzlich nur unmittelbare Erwerbe von Anteilen an der betroffenen Körperschaft für eine Versagung des Verlustausgleichs ausschlaggebend waren.[299] Konzerninterne Umstrukturierungen können somit unter bestimmten Voraussetzungen zum Vorliegen eines schädlichen Beteiligungserwerbs führen.[300] Denn laut Ansicht der Finanzverwaltung ist ein unmittelbarer Anteilserwerb selbst dann schädlich, wenn sich die Quoten der dazugehörigen mittelbaren Beteiligungen nicht ändern.[301] Aus Konzernsicht bleibt jedoch bei rein internen Veränderungen in den Beteiligungsstrukturen der einflussnehmende Entscheidungsträger in Form der Konzernleitung beziehungsweise dem Organträger rechtlich und auch wirtschaftlich gesehen gleich.[302] Somit sind beispielsweise wirtschaftlich sinnvolle Verkürzungen der Beteiligungskette, konzerninterne Umwandlungen oder Verschmelzungen und Übertragungen mittelbarer oder unmittelbarer Beteiligun-

---

295 Vgl. *Hüffer*, AktG, § 18 Rn. 10.
296 Vgl. *Erle*, in: Erle/Sauter, KStG Vor §§ 14-19 Rn. 1 ff.; *Hüffer*, AktG, § 291 Rn. 38; *Montag*, in: Tipke/Lang, Steuerrecht, § 18 Rz. 400 ff.
297 BFH v 17.7.1952 – V 17/52 S, BStBl. III 1952, S. 235.
298 Vgl. *Erle*, in: Erle/Sauter, KStG Vor §§ 14-19 Rn. 1 f.; *Montag*, in: Tipke/Lang, Steuerrecht, § 18 Rz. 408.
299 Siehe oben C. II. 1. c) (1) (b).
300 Vgl. *Frotscher*, in: Frotscher/Maas, KStG/UmwStG, § 8c KStG Rn. 42.
301 Vgl. BMF-Schreiben v. 4.7.2008 – IV C 7 – S 2745-a/08/10001, DB 2008, S. 1599 Tz. 11.
302 Vgl. *Frotscher*, in: Frotscher/Maas, KStG/UmwStG, § 8c KStG Rn. 46; *Roser*, DStR 2008, S. 79.

gen zwischen den dem Konzern zugehörigen Unternehmen schädlich i.S. des § 8c KStG.[303] Dies widerspricht deutlich der grundlegenden Intention des Gesetzgebers, mit der Regelung des § 8c KStG den missbräuchlichen Handel mit Verlustvorträgen zu unterbinden.[304] Auch die dabei im Fokus stehende Änderung in der Einflussnahmemöglichkeit auf die Nutzung von Verlusten[305] greift bei Konzernsachverhalten nicht.

Folglich können die Auswirkungen der neuen Mantelkaufregelung in diesen Fällen nicht zu wirtschaftlich sachgerechten Ergebnissen führen. Um dies zu erreichen, müsste der Gesetzgeber für konzerninterne Übertragungsvorgänge eine Ausnahmeklausel einführen, welche eine konzernübergreifende Sichtweise vorschreibt. Da bei der Zinsschranke des § 4h EStG solch eine Konzernklausel explizit aufgeführt ist (§ 4h Abs. 2 Satz 1 lit. b EStG),[306] scheint der Gesetzgeber eine entsprechende Regelung im Rahmen des § 8c KStG bewusst außen vor gelassen zu haben. Dies wird auch durch seine dementsprechende Aussage innerhalb der Gesetzesbegründung bestätigt.[307] Er rechtfertigt die Vernachlässigung einer entsprechenden Ausnahmeregelung mit der Zielsetzung einer einfacher zu handhabenden Norm, da eine explizite Anwendung einer konzerntechnischen Sichtweise „verwaltungsaufwendig und gestaltungsanfällig“[308] wäre. Es ist jedoch m.E. nicht überzeugend, dieses rein verwaltungstechnische Argument als sachlichen Grund für die Rechtfertigung wirtschaftlich sachfremder Ergebnisse genügen zu lassen, die – wie soeben ausgeführt – nicht einmal konsequent der Intention des Gesetzgebers folgen.

Überdies birgt die Tatsache, auch mittelbare Anteilsübertragungen zu berücksichtigen, eine besondere Gefahr für Körperschaften, welche ohne das ständig aktuelle Wissen über den Bestand der Anteilseigner einer nur mittelbar beteiligten Gesellschaft besteht.[309] Diese Situation ist vor allem bei großen Konzernen mit komplexen Beteiligungsstrukturen nicht unwahrscheinlich. Schließlich kann hier ein schädlicher Beteiligungserwerb auch ohne Kenntnis der betroffenen Körperschaft zum Untergang dessen Verlustvortrags führen, wenn ein Anteilseignerwechsel auf Ebene der

---

303 Vgl. *Benz/Rosenberg*, in: Blumenberg/Benz, Die Unternehmensteuerreform 2008, S. 179 f.; *Suchanek*, in: Herrmann/Heuer/Raupach, EStG/KStG, § 8c KStG Anm. J 07-12.
304 Siehe oben C. I. 3.
305 Siehe oben C. I. 3.
306 Vgl. *Dörr*, NWB 2007, S. 5197; *Drissen*, SteuerStud 2008, S. 536.
307 Vgl. BT-Drs. 16/4841, S. 76.
308 BT-Drs. 16/4841, S. 76.
309 Siehe unten C. IV. 2. d) (4).

mittelbar beteiligten Gesellschaft vollzogen wird. Problematisch wird diese Fallkonstellation vor allem in Fragen der Haftung und der Auferlegung von Strafen im Rahmen der Pflicht zur Abgabe einer Steuererklärung sein, da hierbei die Zurechenbarkeit von Änderungen über rein mittelbare Beteiligungen noch nicht geklärt ist. Kritisch ist dabei insbesondere, inwieweit es zumutbar und verhältnismäßig ist, den betroffenen Körperschaften für steuerliche Zwecke eine Berücksichtigung aller mittelbaren Beteiligungen aufzuerlegen.[310] Dies könnte m.E. in vielen Fällen nicht realisierbar oder zumindest nur mit unangemessen großem Aufwand durchzuführen sein.

(3) Bestimmung der Anteilsquote

In ihrer praktischen Umsetzung überwiegend unproblematisch ist die Feststellung der unmittelbaren Beteiligungsquoten für Zwecke der Bestimmung des Überschreitens der schädlichen Grenzen[311] des § 8c KStG.[312] Einerseits rechtfertigt der Gesetzgeber das Fehlen einer Konzernklausel mit der Absicht, daraus folgende verwaltungstechnisch aufwendige und komplizierte Ermittlungsvorgänge zu vermeiden. Andererseits bezieht er jedoch auch mittelbare Anteilserwerbe in die Betrachtung mit ein, ob ein schädlicher Beteiligungserwerb i.S. des § 8c KStG vorliegt. Doch gerade hierbei ergeben sich erhebliche Probleme in der praktischen Umsetzung der Bestimmung von Änderungen mittelbarer Beteiligungsquoten.[313] Dies hat der BFH bereits in seinem Urteil vom 20.8.2003 erkannt.[314] Vor allem bei großen Konzernen mit mehrstufiger Beteiligungskette sowie bei Aktiengesellschaften ist dies besonders kritisch, da hierbei die vorliegenden Beteiligungsstrukturen häufig nicht abschließend bekannt und allumfassend feststellbar sind. Folglich ist eine Planung und Analyse der steuerlichen Auswirkungen einer Transaktion, die insbesondere auch mittelbare Beteiligungen betreffen, weder vom Steuerpflichtigen selbst, noch von der Finanzverwaltung ohne unverhältnismäßigen Aufwand zu erarbeiten.

Höchst problematisch ist die Feststellung, ob ein schädlicher Beteiligungserwerb vorliegt, darüber hinaus auch bei Übertragungen von Rechten an der Körperschaft,

---

310 Vgl. *Wiese*, DStR 2007, S. 744.
311 Siehe oben C. II. 1. c) (1).
312 Vgl. *Breuninger/Schade*, Ubg 2008, S. 266.
313 Vgl. *Dörr*, NWB 2007, S. 5197.
314 Vgl. BFH v. 20.8.2003 – I R 61/01, BStBl. II 2004, S. 619.

welche zwar unter den Anwendungsbereich des § 8c KStG fallen, jedoch keine direkte Beziehung zum Kapital der Körperschaft vorweisen.[315] Dies ist vor allem bei den laut Finanzverwaltung[316] unter dem Merkmal des vergleichbaren Sachverhalts zu subsumierenden Rechtspositionen – wie beispielsweise den Genussscheinen i.S. des § 8b Abs. 3 Satz 2 KStG – der Fall. Hierbei ist weder die Bestimmung der dazugehörigen Anteilsquote noch deren Änderung durch einen Erwerbsvorgang praktisch umzusetzen, da weder der Gesetzeswortlaut noch das dazugehörige Anwendungsschreiben vom 4.7.2008 dazu Anhaltspunkte liefern.[317]

Für den besonderen Fall der Übertragung von Stamm- oder Vorzugsaktien hingegen gibt die Finanzverwaltung in ihrem zur Anwendung des § 8c KStG ergangenen BMF-Schreiben genaue Hinweise zur Berechnung der Quote. Während die Bezugsgröße für Vorzugsaktien ohne eigenes Stimmrecht regelmäßig das gesamte Stammkapital der Aktiengesellschaft darstellt, soll sich der Anteil an Stammaktien nur auf das mit einem Stimmrecht versehene Kapital beziehen, wobei diese unterschiedlichen Quoten bei gleichzeitigem Vorliegen nicht zusammengerechnet werden.[318]

Da dies jedoch nicht pauschal auf die Quotenermittlung aller vom Anwendungsbereich des § 8c KStG erfassten Rechte übertragen werden kann, wird auch an dieser Stelle die Affinität der Finanzverwaltung deutlich, die Anwendungsprobleme der Norm auf Einzelfallrechtsprechung zu stützen.

(4) Auswirkungen auf Dritte

Neben der soeben dargestellten problematischen Relevanz von mittelbaren Anteilsübertragungen für einen schädlichen Beteiligungserwerb i.S. des § 8c KStG spielt auch die dabei in Kauf genommene steuersystematisch inkorrekte Durchbrechung des körperschaftsteuerlichen Trennungsprinzips[319] eine maßgebliche Rolle in der Betrachtung von Drittwirkungen im Rahmen der Rechtsfolgen der neu eingeführten Mantelkaufregelung. Durch den unmittelbaren Durchgriff von der Ebene der Anteilseigner auf die der Körperschaft können nicht direkt am Beteiligungserwerb beteiligte dritte Anteilseigner – wie oben darge-

---

315 Vgl. *Breuninger/Schade*, Ubg 2008, S. 266.

316 Vgl. BMF-Schreiben v. 4.7.2008 – IV C 7 – S 2745-a/08/10001, DB 2008, S. 1599 Tz. 7.

317 Vgl. *Breuninger/Schade*, Ubg 2008, S. 266; *Meiisel/Bokeloh*, BB 2008, S. 811.

318 Vgl. BMF-Schreiben v. 4.7.2008 – IV C 7 – S 2745-a/08/10001, DB 2008, S. 1599 Tz. 8; zu weiterführender Kritik siehe *Kußmaul/Richter/Tcherveniachki*, GmbHR 2008, S. 1011.

319 Siehe oben C. IV. 1. a).

stellt[320] – auch ohne ihr Wissen oder ihre Mitwirkung von den Rechtsfolgen des § 8c KStG betroffen sein. Dies ist insbesondere dann der Fall, wenn die Körperschaft selbst und deren Altgesellschafter kein Mitspracherecht bei Änderungen im Anteilseignerbestand genießen, wie es vor allem bei Aktiengesellschaften typischerweise vorzufinden ist.[321] Konsequenterweise bietet die neu eingeführte Mantelkaufregelung vor diesem Hintergrund eine gute Basis, Körperschaften mit der Drohung, mehr als 25 % oder gar mehr als 50 % der Anteile zu erwerben, unter Druck zu setzen.[322]

Im Rahmen komplizierter unmittelbarer und mittelbarer Beteiligungsverhältnisse innerhalb eines Konzerns stellt sich überdies die Frage der Haftung im Rahmen der Verpflichtung zur Abgabe einer wahrheitsgemäßen Steuererklärung. Ist es der Konzernleitung nicht ohne unverhältnismäßig großen Aufwand möglich, jegliche Änderungen mittelbarer Beteiligungen zu erfassen oder geschehen diese sogar ohne ihre Kenntnisnahme, so können unter Umständen eintretende Rechtsfolgen im Rahmen des § 8c KStG nicht tatsachengetreu berücksichtigt werden.[323] Der Konzern wäre als nur mittelbar beteiligter, unwissender Dritter somit durch einen schädlichen Beteiligungserwerb bei einer konzernangehörigen Gesellschaft aufgrund der Abgabe einer inhaltlich pflichtwidrigen Steuererklärung (§ 150 Abs. 2 Satz 1 AO) direkt belastet, da er relevante Tatsachen nicht oder zumindest nicht wahrheitsgemäß angegeben hat. Inwieweit dies jedoch tatsächlich zu einem Haftungsfall gemäß § 370 Abs. 1 Nr. 2 AO führen wird, kann aktuell nicht abschließend beurteilt werden, da es derzeit noch an Erfahrungswerten diesbezüglich fehlt. Darüber hinaus bleibt zu klären, wie weit Aufklärungs- und Informationspflichten innerhalb eines Konzerns für diese Fälle reichen und unter welchen Umständen diese als pflichtgemäß – das heißt gemäß § 150 Abs. 2 Satz 1 AO nach bestem Wissen und Gewissen – erfüllt gelten. Jedoch kann grundsätzlich schon aus Sicht einer vollständigen Konzernrechnungslegung davon ausgegangen werden, dass einem Konzern umfassende Informationspflichten bezüglich jeglicher Vorgänge innerhalb der Konzernstrukturen auferlegt sind. Letztlich kann allerdings m.E. einem Steuerpflichtigen kein Sachverhalt als belastend ausgelegt werden, wenn schon der Steuerpflichtige selbst und folglich auch die Finanzver-

---

320 Siehe oben C. IV. 1. a).
321 Vgl. *Vogl*, in: Köllen/Vogl/Wagner, Lehrbuch KSt, Rn. 810.
322 Vgl. *Dörfler/Wittkowski*, GmbHR 2007, S. 517; *Dörr*, NWB 2007, S. 5195.
323 Vgl. *Wiese*, DStR 2007, S. 744.

waltung nicht in der Lage ist, den Sachverhalt aus Sicht des von der Drittwirkung betroffenen Steuerpflichtigen ohne unverhältnismäßig hohen Aufwand umfassend zu ermitteln. Immerhin sollte auch hier jeweils der Einzelfall betrachtet werden, um ein angemessenes Verhältnis von eingesetztem Aufwand und erzieltem Ergebnis, als steuerlichen Auswirkungen der ermittelten Tatsachen, zu erhalten.

3. Neuerungen im Rahmen des MoRaKG

Der Bundesrat hat schon während des Gesetzgebungsverfahrens die weitreichenden, steuerlich belastenden Auswirkungen des § 8c KStG erkannt und diesbezüglich noch vor dessen Einführung Verbesserung ersucht.[324] Im Rahmen der Unternehmensteuerreform 2008 konnte dieser Forderung jedoch aufgrund zeitlichen Mangels noch nicht in befriedigender Weise nachgegangen werden.[325] Nun hat sich der Gesetzgeber am 27.6.2008[326] zur Einführung eines Gesetzes zur Modernisierung der Rahmenbedingungen für Kapitalbeteiligungen (MoRaKG)[327] entschieden, womit das hauptsächliche Ziel verfolgt wird, „die Bereitstellung von privatem Wagniskapital für junge und mittelständische Unternehmen“[328] zu fördern.[329] Dies wird mit der Erkenntnis begründet, dass jungen, innovativen und auch mittelständischen Unternehmen Deutschlands volkswirtschaftlich gesehen eine große Bedeutung zukommt, wobei sich deren Finanzierung über Beteiligungskapital derzeit sehr schwierig gestaltet.[330]

Der Gesetzgeber nutzt diesen Rahmen für eine Anpassung des § 8c KStG, indem er diesem mit Wirkung für den Veranlagungszeitraum 2008 (§ 7b KStG) einen neuen Abs. 2 anfügt.[331] Dieser regelt für Fälle des Mantelkaufs einen Ausnahmetatbestand von der grundsätzlichen Verlustabzugsbeschränkung des § 8c Abs. 1 KStG. Fallen die an einem gemäß § 8c Abs. 1 KStG vorliegenden schädlichen Beteiligungserwerb beteiligten Unternehmen unter den Anwendungsbereich des § 2 Abs. 1, 3 WKBG, so ist ein bei der betroffenen Zielgesellschaft bestehender

[324] Vgl. BR-Drs. 384/07 (Beschluss), S. 3.
[325] Vgl. *Zerwas/Fröhlich*, in: PWC, Unternehmensteuerreform 2008, Rn. 1627.
[326] Vgl. BR-Drs. 448/08.
[327] Vgl. Gesetz zur Modernisierung der Rahmenbedingungen für Kapitalbeteiligungen (MoRaKG) v. 12.8.2008, BGBl. I 2008, S. 1673 ff.
[328] BT-Drs. 16/6311, S. 1.
[329] Vgl. ausführlicher dazu *Haag/Veith*, BB 2008, S. 1915 ff.; *Olbing*, in: Streck, KStG, § 8c Rn. 5 m.w.N., 19.
[330] Vgl. BT-Drs. 16/6311, S. 1.
[331] Vgl. MoRaKG v. 12.8.2008, BGBl. I 2008, S. 1677 f.

Verlustvortrag nur soweit vom Abzug ausgeschlossen, als die Zielgesellschaft in ihrem inländischen Betriebsvermögen keine stillen Reserven ausweist (§ 8c Abs. 2 Satz 1 KStG). Folglich ist für diese Konstellationen ein Verlustabzug in Höhe vorhandener stiller Reserven verteilt auf fünf Jahre (§ 8c Abs. 2 Satz 3 KStG) weiterhin möglich. Der neue § 8c Abs. 2 KStG enthält darüber hinaus weitere modifizierende Ausnahmefälle zu den Rechtsfolgen des § 8c Abs. 1 KStG.[332] Mit dieser Regelung gleicht der Gesetzgeber die gravierenden Auswirkungen des § 8c Abs. 1 KStG auf junge Unternehmen aus, welche in der Wachstumsphase hohe Kosten für Forschung und Entwicklung vorrangig über Fremdkapital finanzieren müssen.[333] Er ermöglicht Investoren Jungunternehmen und Unternehmen des Mittelstands in Krisensituationen zu unterstützen ohne deren Verlustvorträge ernsthaft zu gefährden.[334]

V. Zwischenergebnis

Grundsätzlich ist die Entscheidung des Gesetzgebers, die von einer Vielzahl offener Rechtsfragen geplagte Mantelkaufregelung des § 8 Abs. 4 KStG a.F. durch eine Nachfolgerregelung abzulösen und somit die bestehenden Anwendungsprobleme zu beseitigen, als notwendig und richtig zu beurteilen. Der Gesetzgeber scheint jedoch mit der Einführung der neuen Mantelkaufregelung des § 8c KStG im Rahmen der Unternehmensteuerreform 2008 über den ursprünglichen Gesetzeszweck der Missbrauchsvermeidung der Vorgängerregelung des § 8 Abs. 4 KStG a.F. hinauszugehen, indem er deren Anwendungsbereich durch generalisierende Tatbestandsvoraussetzungen stark verbreitert. Während § 8 Abs. 4 Satz 2 KStG a.F. missbräuchliche Fälle des Mantelkaufs mit dem Tatbestandsmerkmal des wirtschaftlichen Identitätsverlustes bei Zuführung überwiegend neuen Betriebsvermögens umfasste,[335] sieht § 8c KStG ein Erlöschen des Verlustabzugs bei jeglichen Anteilsübertragungen vor, welche eine bestimmte, schädliche Quote übersteigen. Da hierbei auch Fälle mit unveränderter wirtschaftlicher Identität erfasst werden, ist die Neuregelung m.E. nicht mehr als reine Missbrauchsvermeidungsvorschrift anzuerkennen. Der Gesetzgeber scheint mit einem

---

332 Ausführlicher dazu vgl. BT-Drs. 16/6311, S. 26 f.; *Zerwas/Fröhlich*, in: PWC, Unternehmensteuerreform 2008, Rn. 1628 f.

333 Vgl. *Zerwas/Fröhlich*, in: PWC, Unternehmensteuerreform 2008, Rn. 1626.

334 Vgl. BT-Drs. 16/6311, S. 27.

335 Siehe oben C. I. 2. a) (1).

derart weiten Anwendungsbereich des § 8c KStG jegliche Art von Missbrauchsfällen abdecken zu wollen, ohne dabei die Auswirkungen auf grundsätzlich unschädliche Vorgänge genauer bedacht zu haben.

Neben dieser negativen Grundstimmung erlangen die in der Unterzahl vorzufindenden positiven, verbesserten Aspekte der Neuregelung in Form der gestaffelten Rechtsfolge und der praxisnahen Umsetzung des Merkmals „wirtschaftliches Engagement" durch die Relevanz der Erwerberstruktur kein bemerkenswertes Gewicht. Anstatt die Anwendung der Norm seiner Intention entsprechend zu vereinfachen, erschwert der Gesetzgeber mit einer Vielzahl an unbestimmten Rechtsbegriffen deren planungssichere Interpretation und Auslegung. Um dieser Problematik entgegenzuwirken, wurde kurz nach der Einführung der Regelung zum 4.7.2008 ein Anwendungsschreiben der Finanzverwaltung veröffentlicht, welches zu einigen ungeklärten Rechtsfragen des § 8c KStG Stellung nimmt. Hierbei blieben jedoch etliche Fragen offen, nicht nur, weil teilweise schlicht auf Einzelfallregelungen gesetzt wird, wie die beispielhaften Auflistungen innerhalb des BMF-Schreibens zeigen.

Ob die Regelung des § 8c KStG tatsächlich eine, der Intention des Gesetzgebers entsprechende, einfachere Handhabung der Verlustabzugsbeschränkung in Mantelkauffällen ermöglichen wird, wird sich wohl erst im Laufe des Anwendungszeitraums der Norm zeigen, und ist insbesondere vor dem Hintergrund des enormen gestalterischen Umgehungsbedarfs zu diesem Zeitpunkt noch abzulehnen. Zwar sind grundsätzlich die zuletzt bestehenden Auslegungs- und Anwendungsprobleme der Vorgängerregelung des § 8 Abs. 4 KStG a.F. überwunden. Immerhin sind Änderungen in den Beteiligungsverhältnissen einer Körperschaft einfacher zu bestimmen, als eine Zuführung überwiegend neuen Betriebsvermögens. Betrachtet man jedoch den schon zu diesem frühen Zeitpunkt sehr hohen Diskussionsbedarf bezüglich der Auslegung der einzelnen Tatbestandsmerkmale des neuen § 8c KStG wird eine vereinfachte Handhabung zu verneinen sein.

Neben den Verstößen gegen grundlegende steuerrechtliche Prinzipien sind vor allem auch die wirtschaftlichen Auswirkungen des § 8c KStG als problematisch zu betrachten. Durch die Vermeidung einer sachgerechten Klausel für Sanierungsfälle und Konzernsachverhalte werden auch grundsätzlich unschädliche Vorgänge außerhalb des missbräuchlichen Verlusthandels von den Rechtsfolgen der Verlustabzugsbeschränkung getroffen. Folglich führt die Anwendung der neuen

Mantelkaufregelung in bestimmten Fällen zu unsachgerechten Ergebnissen. Auch die vermutlich vom Gesetzgeber so nicht geplanten weitreichenden Folgen insbesondere auf am schädlichen Beteiligungserwerb nicht beteiligte Dritte führen zu drastischen negativen Effekten. Letztlich wird auch durch die Änderung des § 8c KStG im Rahmen der Einführung des MoRaKG nur eine geringfügige Verbesserung aus wirtschaftlicher Sicht erreicht, da sich für Investoren die Finanzierung junger, innovativer Unternehmen durch eine Ausnahmeregelung zur Verlustabzugsbeschränkung der Mantelkaufregelung unter bestimmten Voraussetzungen wieder lukrativ gestalten lässt.

D. Praxisrelevante Fallbeispiele

Um die soeben aus einer rein theoretischen sowie steuerrechtssystematischen Betrachtung gewonnenen Erkenntnisse zu untermauern sollen im Folgenden aussagekräftige, praxisnahe Fallbeispiele dargestellt und bezüglich der steuerlichen Effekte einer Anwendung des § 8c KStG analysiert werden. Dabei wird bei veranschaulichenden Berechnungen aus Vereinfachungsgründen auf die Berücksichtigung des Solidaritätszuschlags, der Gewerbesteuer sowie der Besteuerung beim Anteilseigner nach einer potenziellen Gewinnausschüttung verzichtet. Die insbesondere für Umwandlungsfälle relevante Grunderwerbsteuer wird ebenfalls außen vor gestellt, um zu komplexe Sachverhalte zu vermeiden. Auch eine etwaige parallele Anwendung von § 8 Abs. 4 KStG a.F. neben des § 8c KStG wird nicht berücksichtigt. Somit können die Auswirkungen der neuen Mantelkaufregelung des § 8c KStG auf die Verlustverrechnungsmöglichkeiten der betrachteten Körperschaften ceteris paribus betrachtet werden.

I. Rechtsfolgenvergleich alter zu neuer Rechtslage

Während der Fortbestand ausgleichs- und abzugsfähiger Verluste nach der alten Mantelkaufregelung des § 8 Abs. 4 KStG a.F. an den Kriterien der Anteilsübertragung von mehr als 50 % sowie einer damit zusammenhängenden Zuführung neuen Betriebsvermögens bemessen wurde (wirtschaftliche Identität), ist dies nun nach dem neu eingeführten § 8c KStG anders gelagert. Die neue Mantelkaufregelung, welche ab dem Veranlagungszeitraum 2008 anzuwenden ist, stellt nicht mehr auf die wirtschaftliche Identität der Körperschaft, sondern ausschließlich auf die Anteilsübertragung ab und knüpft daran, der Quote der übertragenen Anteile an der betrachteten Körperschaft entsprechend, die Rechtsfolge der Beschränkung der Verrechnung von Verlusten. Folglich stellt sich die praktische Frage, ob die davon betroffenen Steuerpflichtigen nach der Änderung der Tatbestandsmerkmale der Mantelkaufregelung aus steuerlicher Sicht eine Besser-, Schlechter- oder Gleichstellung erfahren. Für diesen Zweck sind die vier möglichen Grundfälle[336] unter alter Rechtslage gemessen an den Kriterien der neuen Rechtslage zu betrachten und die jeweiligen Rechtsfolgen einander gegenüber zu stellen, wie es

[336] Vgl. für detaillierte Fallbeispiele dazu *Neyer*, Mantelkauf, S. 178 ff.

die nachfolgende Abbildung 1 illustriert. In diesem Zusammenhang ist aus Vereinfachungsgründen von der Erfüllung der, neben den hierbei im Fokus stehenden Hauptkriterien der übertragenen Anteilsquote und der Zuführung überwiegend neuen Betriebsvermögens, notwendigen Tatbestandsmerkmale auszugehen. Da Anteilsübertragungen von nicht mehr als 25 % für beide Tatbestände irrelevante Kriterien darstellen, werden diesbezügliche Sachlagen nicht mit aufgeführt.

			Verlustabzugsversagung nach § 8 Abs. 4 KStG a.F.	Verlustabzugsversagung nach § 8c KStG
Fall	Anteilsübertragung	Zuführung BV		
1	25 %< x ≤ 50 %	(+)	(-)	teilweise
2	25 % < x ≤ 50 %	(-)	(-)	teilweise
3	> 50 %	(+)	vollständig	vollständig
4	> 50 %	(-)	(-)	vollständig

Abbildung 1: Vergleichende Darstellung der Verlustverrechnungsverschränkung nach alter und neuer Rechtslage der Mantelkaufregelung

In den betrachteten Fällen 1 und 2 reicht die Quote der Anteilsübertragung von je nicht mehr als 50 % für die Erfüllung des Tatbestands der alten Regelung des § 8 Abs. 4 KStG a.F. auch bei Zuführung überwiegend neuem Betriebsvermögens nicht aus, da in diesem Zusammenhang für den Wegfall der wirtschaftlichen Identität ausdrücklich eine Anteilsübertragung von mehr als 50 % unter gleichzeitiger Zuführung neuen Betriebsvermögens gefordert wird (§ 8 Abs. 4 Satz 2 KStG a.F.). Ein Verlustausgleich oder -abzug bleibt somit, von dieser Norm nicht eingeschränkt, gewährt. Nach der neu eingeführten Regelung des § 8c KStG stellt jedoch schon die Übertragung von nur wenig mehr als 25 % der Anteile einen schädlichen Beteiligungserwerb i.S. des § 8c Abs. 1 Satz 1 KStG dar, welcher sodann zu einer quotalen Versagung der Verlustverrechnung i.S. des § 10d EStG führt. Folglich birgt die neue Rechtslage für Anteilsübertragungen zwischen 25 % und 50 % eine deutliche Schlechterstellung im Vergleich zur alten Rechtslage.

Auch die Sachlage des Grundfalls 4 stellt die Steuerpflichtigen nach neuer Rechtslage signifikant schlechter als es noch nach der Anwendung der Vorgängerregelung der Fall war. Immerhin entspricht die bloße Übertragung von mehr als 50 % der Anteile einem schädlichen Beteiligungserwerb i.S. des § 8c Abs. 1 Satz 2 KStG und resultiert somit in der vollständigen Versagung der bis dahin entstandenen Verluste. Nach alter Rechtslage hingegen hatte dies keinerlei Auswirkungen auf den steuerlichen Verlust, solange es an der Zuführung neuen Betriebsvermögens mangelte.

Allein die Betrachtung des Falls 3 zeigt eine zumindest punktuelle Gleichstellung nach alter und neuer Rechtslage auf. Da in diesem Zusammenhang neben der Übertragung von mehr als 50 % der Anteile auch eine Zuführung von überwiegend neuem Betriebsvermögens vorliegt, führen beide Mantelkaufregelungen in gleicher Weise zur vollständigen Versagung der Verlustverrechnung i.S. des § 10d EStG.

Zusammenfassend lässt sich somit eine Verschärfung der steuerlichen Auswirkungen des Verlustversagungstatbestands der Mantelkaufregelung feststellen. In drei der vier Grundfälle nach alter Rechtslage werden die betroffenen Steuerpflichtigen nun gemäß § 8c KStG steuerlich schlechter gestellt. Dies resultiert insbesondere aus der Verbreiterung des Anwendungsbereichs im Zuge der Vereinfachung der Norm. Immerhin ist der von zwei zusammenhängenden Kriterien abhängige Tatbestand der Vorgängerregelung des § 8 Abs. 4 KStG a.F. auf die ausschließliche Relevanz von Anteilsübertragungen im Rahmen des § 8c KStG reduziert worden.

II. Grundfälle zum Mantelkauf i.S. des § 8c KStG

Die neu eingeführte Mantelkaufregelung des § 8c KStG stellt grundsätzlich auf das zentrale Tatbestandsmerkmal des schädlichen Beteiligungserwerbs ab.[337] Dabei differenziert sie auf der Rechtsfolgenseite zwischen zwei unterschiedlichen Quoten des Anteilserwerbs, mehr als 25 % bis einschließlich 50 % (§ 8c Abs. 1 Satz 1 KStG) und mehr als 50 % (§ 8c Abs. 1 Satz 2 KStG), an welche jeweils ein entsprechendes Ausmaß an der, den Verlustabzug beschränkenden Rechtsfolge geknüpft wird. Folglich lassen sich die unter § 8c KStG zu subsumierenden Sachverhaltsgestaltungen des Mantelkaufs in zwei Grundfällen abbilden, welche im Folgenden jeweils an einem grundlegenden Beispiel verdeutlicht werden.

---

[337] Siehe oben C. II. 1. c).

1. Schädlicher Beteiligungserwerb i.S. des § 8c Abs. 1 Satz 1 KStG

a) Sachverhalt

Alleingesellschafter und Geschäftsführer G ist vom ständig wachsenden Geschäft seiner A-GmbH überlastet und möchte sich die anfallende Arbeit sowie auch die operative Verantwortung mit seinem neuen Geschäftspartner B teilen. Deshalb überträgt er im Jahr 01 30 % seiner Anteile gegen Entgelt an B um diesen stärker in die Belange der A-GmbH einzubinden. Zum Übertragungszeitpunkt weist die Steuerbilanz der A-GmbH einen Verlustvortrag von 25.000 € aus, welcher noch aus der Gründungsphase der A-GmbH stammt und bislang noch nicht abgezogen werden konnte.

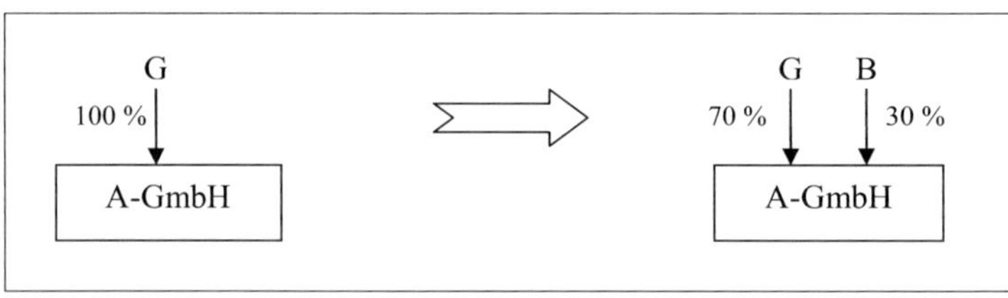

Abbildung 2: Schädlicher Beteiligungserwerb i.S. des § 8c Abs. 1 Satz 1 KStG

Während G zunächst als Alleingesellschafter 100 % der Anteile an der A-GmbH inne hatte, schrumpft seine Beteiligung durch den Verkauf von 30 % der Anteile an der A-GmbH an B auf nur mehr 70 %, wie der oben stehenden Abbildung 2 zu entnehmen ist.

b) Beurteilung

§ 8c KStG stellt für die von ihr betroffenen Sachverhalte ausschließlich auf die Quote der Anteilsübertragung ab. Im vorliegenden Fall erhält B 30 % der Anteile, womit seine unmittelbare Beteiligung an der A-GmbH von 0 % auf 30 % ansteigt. Da dies einen unmittelbaren entgeltlichen Erwerb von mehr als 25 % der Anteile am gezeichneten Kapital der A-GmbH, also einer Körperschaft i.S. des § 1 Abs. 1 Nr. 1 KStG, durch einen Erwerber darstellt, liegt ein schädlicher Beteiligungserwerb i.S. des § 8c Abs. 1 Satz 1 KStG vor. Infolgedessen erfährt die A-GmbH

eine Verlustabzugsbeschränkung in einer der übertragenen Beteiligungsquote entsprechenden Höhe, also zu 30 %. Der bestehende Verlustvortrag ist somit nicht mehr vollständig, sondern nur mehr zu 70 % abziehbar. Dementsprechend kann die A-GmbH dadurch im folgenden Veranlagungszeitraum lediglich einen aufgelaufenen Verlustvortrag i.H.v. 17.500 € (= 70 % * 25.000 €) von positiven Einkünften abziehen.
Ob diese Rechtsfolge hierbei als sinnvolle, verhältnismäßige Maßnahme vor dem Hintergrund des Verlustnutzungsverbots bei Änderungen des wirtschaftlichen Engagements der A-GmbH zu qualifizieren ist, ist kritisch zu beurteilen. Immerhin ist grundlegendes Ziel der neuen Mantelkaufregelung des § 8c KStG das Weiterbestehen der Nutzung noch nicht ausgeglichener oder abgezogener Verluste einer Körperschaft von der Zusammensetzung des wirtschaftlichen Engagements ihrer Anteilseigner abhängig zu machen. Da nach Ansicht des Gesetzgebers durch die Übertragung bestimmter Anteilsquoten ein Wechsel im wirtschaftlichen Engagement stattfindet,[338] ist eine Beschränkung der Verlustverrechnungsmöglichkeit notwendig, um die wirtschaftliche Identität des durch den erwirtschafteten Verlust belasteten und durch den dazugehörigen steuerlichen Vorteil begünstigten Steuerpflichtigen zu gewähren. Im vorliegenden Fall stellt die Übertragung von 30 % der Anteile keinen signifikanten Wechsel im wirtschaftlichen Engagement der A-GmbH dar, da G weiterhin mit der ihm zustehenden Beteiligungsquote von 70 % eigenständig mit einfacher Mehrheit über die grundlegenden Belange der A-GmbH, insbesondere auch die steuerliche Nutzung der Verluste, entscheiden kann. B hat dabei mit 30 % der Stimmen keinen vergleichbar gewichteten Einfluss auf Entscheidungen bezüglich der A-GmbH. Dem wird jedoch zumindest in der lediglich quotalen Versagung der Abzugsfähigkeit des Verlustvortrags Rechnung getragen.

[338] Vgl. BT-Drs. 16/4841, S. 76.

2. Schädlicher Beteiligungserwerb i.S. des § 8c Abs. 1 Satz 2 KStG

a) Sachverhalt

Da das Geschäft der A-GmbH in den folgenden Jahren hohe Verluste verzeichnet und sich Gründungsgesellschafter G langsam aus dem Geschäftsbetrieb zurück ziehen möchte, beteiligt er im Jahr 04 einen dritten Geschäftspartner C am gezeichneten Kapital der A-GmbH. C übernimmt neben 51 % der Anteile auch den Geschäftsführerposten, um den Gewinn der A-GmbH unter neuer Geschäftsführung wieder zu steigern.

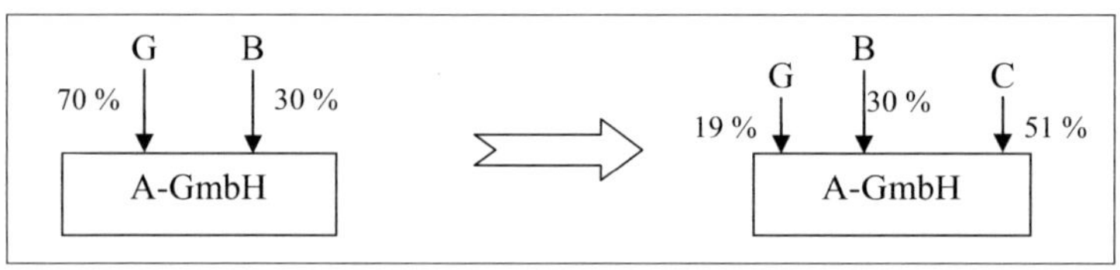

Abbildung 3:Schädlicher Beteiligungserwerb i.S. des § 8c Abs. 1 Satz 2 KStG

Während B unverändert zu 30 % an der A-GmbH beteiligt ist, reduziert sich die Beteiligung von G auf 19 %, da er 51 % am gezeichneten Kapital der A-GmbH auf den neuen Geschäftspartner C überträgt (Abbildung 3).

b) Beurteilung

Auch diese Sachlage entspricht einem schädlichen Beteiligungserwerb i.S. des § 8c KStG, da C unmittelbar 51 % Beteiligung am gezeichneten Kapital der A-GmbH erwirbt. Da die übertragene Beteiligungsquote hierbei jedoch mehr als 50 % beträgt, kommt die quotale Verlustabzugsversagung gemäß § 8c Abs. 1 Satz 1 KStG nicht zur Anwendung. Vielmehr greift hier § 8c Abs. 1 Satz 2 KStG, der abgesehen von Satz 1 der Mantelkaufregelung für Anteilsübertragungen von mehr als 50 % die gravierendere Rechtsfolge der vollständigen Versagung der Ausgleichs- und Abzugsfähigkeit bis zum Übertragungszeitpunkt nicht genutzter Verluste vorsieht. Die im Jahr 01 erfolgte Übertragung von 30 % der Anteile an B bleibt hier ohne zusätzliche Konsequenzen, da B und C nicht ohne weiteres zu einem Erwerberkreis zusammengefasst werden können. Kann ihnen jedoch ein gleichgerichtetes Interesse i.S. des § 8c Abs. 1 Satz 3 KStG oder gar ein Näheverhältnis i.S. des § 8c Abs. 1 Satz 2 KStG nachgewiesen werden, so bilden B und C einen Erwerberkreis und ihre Anteilserwerbe würden addiert.[339] Da jedoch bei Überschreiten der 50 %-Grenze unabhängig von der tatsächlich übertragenen Beteiligungsquote eine einheitliche Rechtsfolge zur Anwendung gelangt, ist solch eine Verbindung zwischen B und C zumindest für diesen Fall nicht von Bedeutung. Somit verliert die A-GmbH durch den Vorgang der Anteilsübertragung an C die ihr grundsätzlich zustehende Möglichkeit, die bis zum Übertragungszeitpunkt aufgelaufenen, noch nicht ausgeglichenen steuerlichen Verluste mit zukünftigen positiven Einkünften zu saldieren. Dies hat zur Folge, dass in den darauffolgenden Veranlagungszeiträumen erwirtschaftete, positive Einkünfte trotz eines, diese eventuell betragsmäßig übersteigenden Verlustvortrags eine positive Körperschaftsteuerschuld der A-GmbH entsteht.

Auch diese steuerlichen Auswirkungen müssen entsprechend dem ersten Grundfall[340] am vorrangigen Gesetzeszweck der neuen Mantelkaufregelung des § 8c KStG gemessen werden. Vor dem Hintergrund der Beteiligungsverhältnisse nach dem Übertragungsvorgang an C wird eine signifikante Änderung im wirtschaftlichen Engagement der A-GmbH deutlich. Während vor der Aufnahme des C als Anteilseigner noch G die Mehrheit der Anteile inne hatte, hält nun C mehr als die Hälfte (51 %) der Anteile an der A-GmbH. Folglich kann er mit einfacher Mehrheit ohne die Zustimmung der beiden anderen Gesellschafter über grundlegende Belange der A-GmbH unabhängig von seiner Stellung als Geschäftsführer entscheiden. G und B hingegen erlangen auch bei Zusammenwirken keine Stimmenmehrheit im Beschlussprozess. Demzufolge liegt die Entscheidungsgewalt nun maßgeblich bei C und nicht mehr beim zuvor noch mehrheitlich beteiligten Gründungsgesellschafter G. Insbesondere für die Frage der Verlustnutzung liegt die Entscheidungsbefugnis nun allein bei C, womit eine vollständige Versagung des Verlustabzugs gerechtfertigt ist. Immerhin ist es wirtschaftlich betrachtet nicht sachgerecht, dass C über steuerliche Verluste verfügt, welche nicht er, sondern G und teilweise auch B mit dem Betreiben der A-GmbH erlitten haben.

---

[339] Siehe oben C. II. 1. c) (1) (d).
[340] Siehe oben D. II. 1. b).

III. Konzerninterne Umstrukturierung

Umstrukturierungen innerhalb eines Konzerns können mangels Konzernklausel unter den Tatbestand eines schädlichen Beteiligungserwerbs i.S. des § 8c KStG fallen. In diesem Zusammenhang führt die Anwendung der neuen Mantelkaufregelung in den überwiegenden Fällen zu wirtschaftlich nicht sachgerechten Ergebnissen.[341] Das folgende Fallbeispiel verdeutlicht diese rechtspolitische Kritik anhand einer spezifischen, praxisnahen Konzernumstrukturierung.

1. Sachverhalt

Die M-AG ist Muttergesellschaft eines Konzerns und an ihren zwei Tochtergesellschaften T_1-GmbH und T_2-GmbH zu jeweils 100 % beteiligt. Während die T_2-GmbH keine eigenen Beteiligungen an konzernangehörigen Unternehmen hält, ist die T_1-GmbH über eine unmittelbare 100 % Beteiligung an der E-GmbH mittelbar an der V-GmbH zu 40 % beteiligt, wie der unten stehenden Abbildung 4 zu entnehmen ist. Eine steuerrechtliche Organschaft besteht nicht, sodass ganz im Gegensatz zu den übrigen gewinnbringenden Konzernunternehmen die V-GmbH einen steuerlichen Verlustvortrag von 750.000 € ausweist. Aufgrund aus Konzernsicht notwendiger struktureller Maßnahmen wird die unter der Tochtergesellschaft T_1-GmbH hängende Beteiligungskette auf die T_2-GmbH übertragen. Folglich hält nun entsprechend der folgenden Abbildung 4 die T_2-GmbH die unmittelbare Beteiligung an der E-GmbH, sowie die mittelbare Beteiligung an der verlustträchtigen V-GmbH.

[341] Siehe oben C. IV. 2. d) (2).

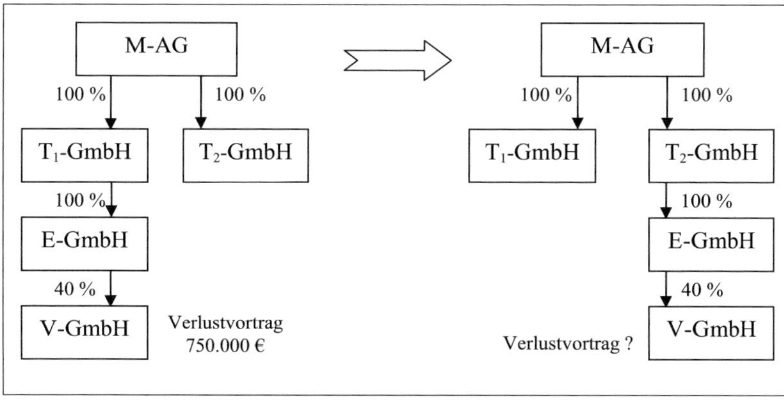

Abbildung 4: Umhängen von Beteiligungsketten

2. Beurteilung

Bezüglich der Wirkungen der neu eingeführten Mantelkaufregelung des § 8c KStG ist im Rahmen dieses Sachverhalts ausschließlich ein potenzieller schädlicher Beteiligungserwerb an der V-GmbH in Erwägung zu ziehen, da die übrigen Gesellschaften der betrachteten Konzernstruktur keine unter den sachlichen Anwendungsbereich[342] des § 8c KStG subsumierbaren Verluste ausweisen. Durch das Umhängen der Beteiligungskette von der T_1-GmbH auf die T_2-GmbH findet keine Änderung bezüglich der unmittelbaren Beteiligungsverhältnisse der V-GmbH statt, da nach wie vor die E-GmbH 40 % der Anteile hält. Auf mittelbarer Beteiligungsebene tritt jedoch nun die T_2-GmbH erstmals als Anteilseigner auf, wobei sich deren mittelbare Beteiligung von 0 % auf 40 %[343] erhöht hat. Somit liegt diesbezüglich ein schädlicher Beteiligungserwerb gemäß § 8c Abs. 1 Satz 1 KStG vor, der auch mittelbare Beteiligungserwerbe umfasst, welcher zu einem quotalen Verlustabzugsverbot führt. Folglich kann die V-GmbH ihren Verlustvortrag nur mehr i.H.v. 450.000 € (= 60 % * 750.000 €) steuerlich nutzen, wobei der restliche Betrag durch die Wirkung des § 8c Abs. 1 Satz 1 KStG nicht mehr ausgleichs- und abzugsfähig ist.

---

342 Siehe oben C. II. 1. b).

343 Entspricht der durchgerechneten mittelbaren Quote von 100 % * 40 % gemäß BMF-Schreiben v. 4.7.2008 – IV C 7 – S 2745-a/08/10001, DB 2008, S. 1600 Tz. 12.

Betrachtet man dieses Ergebnis aus Konzernsicht, so ist für die vorliegende Fallgestaltung keine Änderung im wirtschaftlichen Engagement der V-GmbH ersichtlich. Zwar hat ein mittelbarer Anteilseigner gewechselt, jedoch bestehen die unmittelbare Beteiligungsstruktur, sowie die mittelbare Beteiligung der M-AG unverändert fort. Wirtschaftlich gesehen trägt weiterhin die Konzernmuttergesellschaft M-AG die Entscheidungsbefugnis über konzernrelevante Fragen der darin verbundenen Unternehmen. Diesbezüglich hat sich im Verhältnis zur V-GmbH nichts geändert. Vor der Umstrukturierung war die M-AG über eine Kette von 100 % Beteiligungen an der T_1-GmbH sowie der E-GmbH zu 40 % mittelbar an der V-GmbH beteiligt. Durch die Umstrukturierung wurde nur ein Glied dieser Kette bei sonst gleichbleibender mittelbarer Beteiligung ausgetauscht. Die auf der Beteiligungskette basierende unmittelbare und mittelbare Beteiligung besteht konstant zu je 100 % fort, womit die M-AG nach wie vor die der V-GmbH vorgeschalteten Gesellschaften als Alleingesellschafter beeinflussen kann. Folglich entspricht die oben ermittelte steuerliche Wirkung, ausgelöst durch das bloße Umhängen einer Beteiligungskette innerhalb desselben Konzerns, keinem wirtschaftlich sachgerechten Ergebnis. Trotz gleichbleibendem wirtschaftlichen Engagements aus Konzernsicht wird der Verlustabzug bei der V-GmbH teilweise eingeschränkt. Eine vom Gesetzgeber jedoch schon im Rahmen der Gesetzesbegründung abgelehnte Konzernbetrachtung[344] für eben solche Fälle würde für dieses Problem Abhilfe schaffen.

IV. Steueroptimale Verschmelzung verlustträchtiger Körperschaften

Stehen innerhalb eines Konzerns notwendige Umstrukturierungen an, so sollte vor dem Hintergrund einer möglichen Beschränkung des Verlustabzugs gemäß § 8c KStG die optimale Gestaltungsvariante unter der Zielsetzung der Steuerminimierung ermittelt werden. Insbesondere bei Umwandlungen nach dem UmwG sind daneben zusätzlich die im UmwStG enthaltenen Regelungen zur Beschränkung des Verlustabzugs zu beachten. Schließlich fallen auch Umstrukturierungen i.S. des UmwG unter den Anwendungsbereich der in § 8c KStG geforderten Übertragungen, soweit diese eine Änderung in den Beteiligungsverhältnissen nach sich ziehen.[345]

---

[344] Vgl. BT-Drs. 16/4841, S. 76.

[345] Vgl. BMF-Schreiben v. 4.7.2008 – IV C 7 – S 2745-a/08/10001, DB 2008, S. 1599 Tz. 7; *Schick/Franz*, DB 2008, S. 1987 f.

Ende 2006 wurde das UmwStG zuletzt durch das Gesetz über steuerliche Begleitmaßnahmen zur Einführung der Europäischen Gesellschaft und zur Änderung weiterer steuerrechtlicher Vorschriften (SEStEG)[346] modifiziert.[347] In diesem Zusammenhang wurde insbesondere für Verschmelzungen von Körperschaften der Übergang steuerlich noch nicht genutzter Verluste der übertragenden Körperschaft auf die aufnehmende Körperschaft durch die Streichung des § 12 Abs. 3 Satz 2 UmwStG a.F. stark eingeschränkt, da nun hierbei gemäß § 12 Abs. 3 Hs. 2 i.V.m. § 4 Abs. 2 Satz 2 UmwStG verrechenbare Verluste, verbleibende Verlustvorträge und nicht ausgeglichene negative Einkünfte der übertragenden Gesellschaft nicht auf die aufnehmende Gesellschaft übergehen.[348]

Anhand des folgenden Beispiels[349] sollen nun mögliche Gestaltungsalternativen von Verschmelzungen unter Beteiligung von Verlustkörperschaften bezüglich der Auswirkungen der Verlustabzugsbeschränkung des § 8c KStG aufgezeigt werden. Dabei ist der Vollständigkeit halber auch auf etwaige Verlustvernichtungstatbestände des UmwStG einzugehen,[350] wobei der Fokus jedoch weiterhin auf der neu eingeführten Mantelkaufregelung liegt.

1. Sachverhalt

Der Konzernmuttergesellschaft M-AG sind zwei Tochtergesellschaften T_1-GmbH und T_2-GmbH unterstellt, an denen sie jeweils 100 % der Anteile hält. Während die T_1-GmbH ein gut laufendes operatives Geschäft betreibt und seit Jahren hohe Gewinne erwirtschaftet, weist die T_2-GmbH aufgrund schlechter Unternehmensführung und -planung nur geringfügige Gewinne in unbefriedigender Höhe aus. Die T_1-GmbH ist ihrerseits zu 100 % an der V-GmbH beteiligt, welche aufgrund des von ihrem Geschäftsbereich bedienten gesättigten Markts in den letzten Jahren einen ständig wachsenden steuerlichen Verlustvortrag zu verzeichnen hatte. Eine steuerliche Organschaft besteht nicht.

---

346 Vgl. SEStEG v. 7.12.2006, BGBl. I 2006, S. 2782 ff.

347 Vgl. ausführlicher dazu *Blumenberg/Schäfer*, SEStEG.

348 Vgl. *Benz/Rosenberg*, in: Blumenberg/Benz, Die Unternehmensteuerreform 2008, S. 173; *Eisgruber*, DStZ 2007, S. 632; *Schaflitzl/Widmayer*, in: Blumenberg/Schäfer, SEStEG, S. 133.

349 Vgl. Sachverhalt in Anlehnung an *Neyer*, Mantelkauf, S. 60 f.

350 Vgl. zu deren Relevanz neben § 8c KStG *Glutsch/Otte/Schult*, Das neue Unternehmensteuerrecht, § 10 Rn. 26 f.

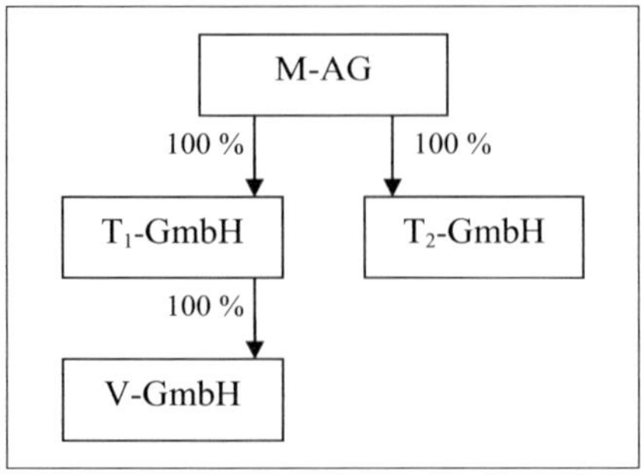

Abbildung 5: Ausgangslage zur steueroptimalen Verschmelzung

Um nun die Defizite in der Führungsebene der T_2-GmbH auszugleichen und über Synergieeffekte deren Rentabilität zu steigern, beabsichtigt die Konzernleitung die beiden Tochtergesellschaften der M-AG gemäß den Vorschriften des UmwG zu einer einzigen GmbH zu verschmelzen. Dabei hat das Ziel der Steueroptimierung und somit der möglichst umfangreichen Erhaltung des abzugsfähigen Verlustvortrags oberste Priorität.

2. Variante 1: Verschmelzung auf eine Gewinngesellschaft

Eine mögliche Gestaltungsvariante stellt dabei eine Verschmelzung der an der Verlustgesellschaft V-GmbH beteiligten T_1-GmbH auf die T_2-GmbH i.S. des § 2 Nr. 1 UmwG dar. Gemäß § 20 Abs. 1 Nr. 2 Satz 1 UmwG erlischt dabei die übertragende T_1-GmbH, wobei deren Vermögen und deren Verbindlichkeiten und somit auch deren Beteiligungen auf die übernehmende T_2-GmbH übergehen (§ 2 Abs. 1 Nr. 1 UmwG). Folglich verändert sich die Beteiligungsstruktur innerhalb des Konzerns in der Weise, dass die M-AG nur mehr an einer Tochtergesellschaft T_2-GmbH zu 100 % beteiligt ist und diese nun 100 % der Anteile an der V-GmbH inne hat, wie der folgenden Abbildung 6 zu entnehmen ist.

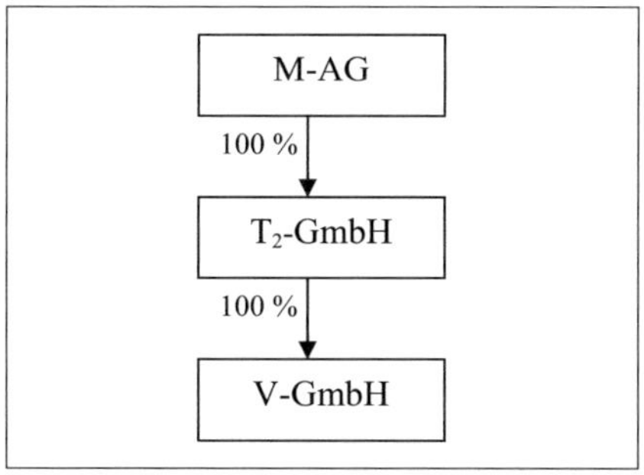

Abbildung 6: Lage nach Verschmelzung von T_1-GmbH auf T_2-GmbH

Ein Untergang des Verlustvortrags der V-GmbH gemäß § 12 Abs. 3 Hs. 2 i.V.m. § 4 Abs. 2 Satz 2 UmwStG kann mittels dieser Gestaltungsvariante vermieden werden, da die V-GmbH selbst nicht als übertragender Rechtsträger auftritt sondern vielmehr ihre rechtliche Identität wahrt und überdies die übertragende T_1-GmbH selbst keine Verluste oder Verlustvorträge ausweist. Da jedoch die Mantelkaufregelung des § 8c KStG zusätzlich zu den Regelungen des UmwStG diesen nachrangig anwendbar ist,[351] ist für den vorliegenden Sachverhalt ebenfalls zu überprüfen, ob ein schädlicher Beteiligungserwerb i.S. des § 8c KStG vorliegt. Im Zuge des betrachteten Verschmelzungsvorgangs geht die T_1-GmbH unter und die T_2-GmbH übernimmt im Rahmen der Gesamtrechtsnachfolge deren Vermögen (§ 2 I Nr. 1 UmwG) und steuerliche Rechtsstellung (§ 12 Abs. 3 Hs. 1 UmwStG). Folglich tritt die übernehmende T_2-GmbH insbesondere in die Anteilseignerstellung der T_1-GmbH an der V-GmbH ein, wodurch eine Anteilübertragung von 100 % der Anteile und damit konsequenterweise auch ein signifikanter Wechsel im direkten wirtschaftlichen Engagement an der V-GmbH vorliegen. Dies entspricht dem Tatbestand eines schädlichen Beteiligungserwerbs von mehr als der Hälfte der Anteile einer Körperschaft i.S. des § 8c Abs. 1 Satz 2 KStG, welcher somit die vollständige Versagung des von der V-GmbH ausgewiesenen Verlustvortrags bewirkt. Die dabei unverändert bestehen bleibende mittelbare Beteiligung der M-AG an der V-GmbH bleibt dafür unbeachtlich.[352]

---

351 Vgl. *Neyer*, Mantelkauf, S. 60.

352 Vgl. BMF-Schreiben v. 4.7.2008 – IV C 7 – S 2745-a/08/10001, DB 2008, S. 1599 Tz. 11.

3. Variante 2: Verschmelzung auf die an einer Verlustgesellschaft beteiligten Gesellschaft

Ebenso ist es möglich, die Verschmelzung in umgekehrter Richtung zu vollziehen und dabei die T_2-GmbH auf ihre an der verlustträchtigen V-GmbH beteiligte Schwestergesellschaft T_1-GmbH zu verschmelzen. In diesem Zusammenhang erlischt die T_2-GmbH entsprechend der ersten Gestaltungsvariante und die T_1-GmbH tritt in die steuerliche Rechtstellung der T_2-GmbH ein, wie auch die folgende Abbildung 7 zur Beteiligungsstruktur nach dem Verschmelzungsvorgang illustriert.

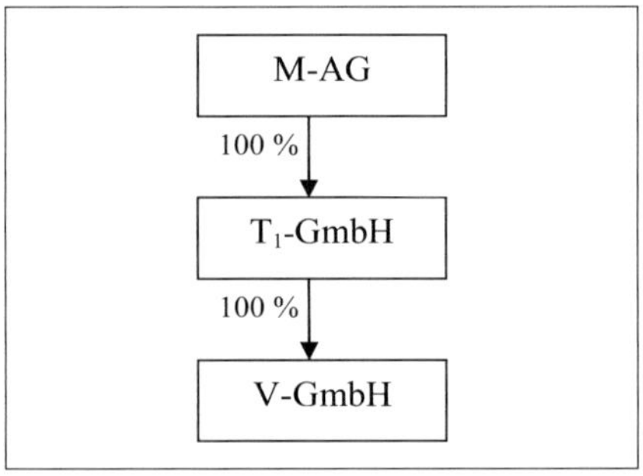

Abbildung 7: Lage nach Verschmelzung von T_2-GmbH auf T_1-GmbH

Auch für diesen Fall hat § 12 Abs. 3 Hs. 2 i.V.m. § 4 Abs. 2 Satz 2 UmwStG keine den Verlustvortrag der V-GmbH vernichtende Wirkung, da die V-GmbH selbst nicht als übertragende Körperschaft fungiert und die tatsächlich übertragende T_2-GmbH keine durch den Anwendungsbereich dieser Regelung gefährdeten Verluste oder Verlustvorträge vorweist. Betrachtet man nun die Beteiligungsstruktur der V-GmbH über den Vorgang der Verschmelzung hinaus, so ist weder auf unmittelbarer noch auf mittelbarer Anteilseignerebene eine Änderung festzustellen. Immerhin ist einerseits die ursprünglich zu 100 % beteiligte T_1-GmbH unmittelbare Alleingesellschafterin geblieben und andererseits besteht auch die mittelbare Beteiligungsquote der M-AG an der V-GmbH unverändert fort. Folglich ist keinerlei Wechsel im wirtschaftlichen Engagement der V-GmbH zu verzeichnen und es liegt kein schädlicher Beteiligungserwerb i.S. des § 8c KStG vor. Der Verlustvortrag der V-GmbH bleibt somit weiterhin abzugsfähig.

4. Fazit

Die konträren steuerlichen Ergebnisse bei identischer Erfüllung der angestrebten Konzernstruktur der soeben aufgezeigten Gestaltungsalternativen zeigen die hohe Relevanz der Verschmelzungsrichtung zweier, derselben Muttergesellschaft zugehöriger Tochtergesellschaften auf. Um die bestehenden steuerlichen Verlustvorträge der V-GmbH maximal erhalten zu können empfiehlt sich vor dem Hintergrund der hier betrachteten Sachlage die Verschmelzung der T_2-GmbH auf die an der V-GmbH beteiligten T_1-GmbH. In dieser Weise können die den Verlustabzug einschränkenden Regelungen des UmwStG vermieden werden, da die Rechtsträgerin V-GmbH als solche weiter bestehen bleibt.[353] Überdies greift auch die den Verlustabzug beschränkende Mantelkaufregelung des § 8c KStG für diese Fallgestaltung nicht, da sich weder die unmittelbare noch die mittelbare Beteiligungsstruktur der V-GmbH ändert.

V. Alternative Anteilsübertragungen

Legitimes Ziel jedes Steuerpflichtigen ist es, seine Steuerlast zu optimieren, das heißt zu minimieren. Vor dem Hintergrund der Verlustabzugsbeschränkung des neu eingeführten § 8c KStG bedeutet dies derartige Fallgestaltungen zu wählen, für welche die Rechtsfolge der Versagung der Verlustverrechnungsmöglichkeit möglichst gering gehalten werden kann. Für diesen Zweck sind verschiedene alternative, mehrstufige Anteilsübertragungen auf ihre jeweilige Rechtsfolge nach § 8c KStG zu beleuchten, um sodann Hinweise in Bezug auf eine optimale Aufteilung der Übertragungsquoten zu erhalten. Die Finanzverwaltung hat diesbezüglich jedoch das Umgehungspotenzial erkannt und wendet auf mehrstufige Anteilsübertragungen die Rechtsprechung zum Gesamtplan an.[354] Danach werden einzelne Anteilsübertragungen trotz unterschiedlichen zeitlichen Anfallens zusammengerechnet, sobald ihnen ein übergeordneter Gesamtplan nachgewiesen werden kann. Die unwiderlegliche Indizienwirkung eines mehrstufigen Anteilserwerbs soll jedoch nur für einen Zeitraum von einem Kalenderjahr zur

353 Vgl. *Neyer*, Mantelkauf, S. 62.
354 Siehe oben C. IV. 2. c).

Beweisführung herangezogen werden.[355] Den im Folgenden dargestellten Fallgestaltungen[356] soll jeweils kein Gesamtplan zugrunde liegen, was insbesondere auch durch die Streckung der aufgeteilten Erwerbe auf über ein Kalenderjahr erreicht wird.

1. Sachverhalt

G ist Alleingesellschafter der V-GmbH, welche aufgrund schlechtem konjunkturellen Umfeld nur negative Einkünfte erzielt. Folglich weist die V-GmbH Ende des Jahres 01 einen Verlustvortrag von 2.500.000 € aus, der sich zum Ende des Jahres 02 und 03 jeweils aus laufenden Verlusten um 250.000 € erhöht. Nun soll B als neuer Gesellschafter in die V-GmbH aufgenommen werden und dabei unter der Zielsetzung der möglichst vollständigen Erhaltung der Abzugsfähigkeit der steuerlichen Verlustvorträge 49 % der Anteile an der V-GmbH erhalten, damit G mit 51 % der Anteile weiterhin maßgeblich durch einfache Mehrheit auf Entscheidungen bezüglich der V-GmbH einwirken kann. Aus Vereinfachungsgründen sollen etwaige Anteilsübertragungen ausschließlich am Ende des jeweiligen Kalenderjahres erfolgen.

2. Beurteilung

Die nachstehende Abbildung 8 stellt vier mögliche mehrstufige Anteilsübertragungen auf B dar, welche dem zu erzielenden Beteiligungsverhältnis entsprechen. Dabei führen alle Fallgestaltungen zu unterschiedlichen Auswirkungen nach § 8c KStG bei jedoch identischer Beteiligungsquote.

---

355 Siehe oben C. IV. 2. c).

356 Sachverhalt in Anlehnung an *Grefe*, Unternehmensteuern, S. 457.

Fall	Anteilsübertragung			Verlustverrechnungsverbot	
	Jahr 01	Jahr 03	Summe	Jahr 01	Jahr 03
1	23 %	26 %	49 %	(-)	49 %
2	26 %	23 %	49 %	26 %	(-)
3	49 %	-	49 %	49 %	(-)
4	-	49 %	49 %	(-)	49 %

Abbildung 8: Vergleichende Darstellung der Rechtsfolgen bei Aufteilung der Übertragungsquote

a) Fallgestaltung 1

Die alternative Anteilsübertragung des Falls 1 führt im Jahr 01 zu keiner Versagung des Verlustabzugs, da die schädliche Grenze von mehr als 25 % gemäß § 8c Abs. 1 Satz 1 KStG durch eine Übertragung von 23 % nicht überschritten wird. Der Ende des Jahres 01 bestehende Verlustvortrag von 2.500.000 € bleibt somit weiterhin abzugsfähig. Im Zuge der zweiten Übertragung von 26 % der Anteile, welche im Jahr 03, also innerhalb eines zur ersten Anteilsübertragung beginnenden Fünf-Jahres-Zeitraums, erfolgt,[357] überschreitet B mit dem Erwerb von insgesamt 49 % der Anteile die Grenze von 25 % und verwirklicht somit in 03 den Tatbestand eines schädlichen Beteiligungserwerbs gemäß § 8c Abs. 1 Satz 1 KStG. Folglich tritt mit Wirkung Ende des Jahres 03 eine quotale Versagung des Verlustabzugs zu 49 % ein. Der bis dahin entstandene Verlustvortrag i.H.v. 3.000.000 € (= 2.500.000 € + 250.000 € + 250.000 €) ist somit nur mehr i.H.v. 1.530.000 € (= 51 % * 3.000.000 €) von zukünftigen positiven Einkünften abziehbar.

b) Fallgestaltung 2

Für die Gestaltung des alternativen Falls 2 werden die in Fall 1 durchgeführten Anteilsübertragungen in ihrer zeitlichen Reihenfolge umgekehrt. Somit liegt schon im Jahr 01 mit dem Erwerb von 26 % der Anteile an der V-GmbH durch B

[357] Siehe oben C. II. 1. c) (1) (e).

ein schädlicher Beteiligungserwerb gemäß § 8c Abs. 1 Satz 1 KStG vor, welcher zu einer teilweisen Versagung der Verlustabzugsmöglichkeit zu 26 % führt. Der Ende des Jahres 01 bestehende Verlustvortrag kann in dieser Konsequenz nur mehr i.H.v. 1.850.000 € (= 74 % * 2.500.000 €) zum Verlustabzug herangezogen werden. Die darauffolgende Übertragung von 23 % der Anteile an der V-GmbH auf B im Jahr 03 löst kein weiteres Verbot des Verlustabzugs i.S. des § 8c KStG aus. Immerhin wurde für Zwecke der quotalen Verlustabzugsversagung des § 8c Abs. Satz 1 KStG die erste Anteilsübertragung schon abgegolten und lässt somit einen neuen Betrachtungszeitraum von fünf Jahren zu laufen beginnen.[358] Immerhin übersteigen die 23 % nicht die dabei schädliche Grenze von 25 %. Auch eine vollständige Verlustabzugsversagung gemäß § 8c Abs. 1 Satz 2 KStG kommt diesbezüglich nicht in Betracht, da im Zeitraum 01 bis 03 insgesamt nicht mehr als 50 % der Anteile sondern vielmehr nur 49 % übertragen werden. Folglich weist die V-GmbH Ende des Jahres 03 einen abzugsfähigen Verlustvortrag von 2.350.000 € (= 1.850.000 € + 250.000 € + 250.000 €) vor.

c) Fallgestaltung 3

Verzichtet man auf eine Aufteilung der Anteilsübertragung von 49 % auf B, so kann diese beispielsweise vollständig im Jahr 01 erfolgen. Dies erfüllt jedoch durch die Überschreitung der schädlichen Grenze von 25 % gleich im Jahr 01 den Tatbestand eines schädlichen Beteiligungserwerbs gemäß § 8c Abs. 1 Satz 1 KStG und führt zu einer quotalen Versagung der Abzugsfähigkeit bis zu diesem Zeitpunkt nicht abgezogener Verlustvorträge. Dementsprechend steht Ende des Jahres 01 nur mehr ein Verlustvortrag i.H.v. 1.275.000 € (= 51 % * 2.500.000 €) zu einem Abzug mit künftigen positiven Einkünften zur Verfügung. Da im Jahr 03 keine weitere Übertragung von Anteilen an der V-GmbH zu verzeichnen ist, ergeben sich auch keine zusätzlichen Auswirkungen der neu eingeführten Mantelkaufregelung des § 8c KStG und die V-GmbH weist Ende des Jahres 03 einen abzugsfähigen Verlustvortrag von 1.775.000 € (= 1.275.000 € + 250.000 € + 250.000 €) vor.

---

358 Siehe oben C. II. 1. c) (1) (e).

d) Fallgestaltung 4

Ebenso kann die Übertragung von 49 % der Anteile an der V-GmbH auf den B gänzlich im Jahr 03 vollzogen werden. Dabei ergeben sich somit für das Jahr 01 zunächst keine Effekte auf den steuerlichen Verlustvortrag der V-GmbH, womit diese Ende des Jahres 03 einen Verlustvortrag i.H.v. 3.000.000 € ausweist. Durch die Anteilsübertragung im Jahr 03 wird dann jedoch ein schädlicher Beteiligungserwerb gemäß § 8c Abs. 1 Satz 1 KStG realisiert, welcher die Abzugsfähigkeit des zu diesem Zeitpunkt bestehenden Verlustvortrags auf einen Betrag von 1.530.000 € (= 51 % * 3.000.000 €) beschränkt. Folglich steht der V-GmbH Ende des Jahres 03 nur mehr ein steuerlich abzugsfähiger Verlustvortrag i.H.v. 1.530.000 € zur Verfügung.

e) Ergebnis

Betrachtet man die steuerlichen Auswirkungen des § 8c KStG auf die Abzugsfähigkeit von Verlustvorträgen bei vorliegenden Anteilsübertragungen so wird anhand der soeben dargestellten Gestaltungsalternativen deutlich, welch große Unterschiede bestimmte Varianten der Anteilsübertragung bei letztlich gleicher Beteiligungsquote nach sich ziehen. Der betrachtete Fall lässt erkennen, dass bezüglich der quotalen Verlustabzugsversagung des § 8c Abs. 1 Satz 1 KStG die optimal Aufteilung der Übertragungsquote darin besteht, zunächst die schädliche Grenze von 25 % minimal zu überschreiten und sodann im Zuge des zweiten Übertragungsvorgangs nur mehr weniger als 25 % übertragen zu müssen. Folglich bleibt die Versagung des Verlustabzugs minimal, wie auch die oben ermittelten Ergebnisse der vier Fallgestaltungen belegen.

Fall	Verbleibender Verlustvortrag	Verlustverrechnungsverbot
1	1.530.000 €	1.470.000 €
2	2.350.000 €	650.000 €
3	1.775.000 €	1.225.000 €
4	1.530.000 €	1.470.000 €

Abbildung 9: Überblick über steuerliches Ergebnis der Fallgestaltungen

Schlussendlich stellt die Variante des Falls 2 eine optimale Gestaltung unter der vorliegenden Zielsetzung dar.[359] Immerhin ist dabei der verbleibende abzugsfähige Verlustvortrag i.H.v. 2.350.000 € maximal im Verhältnis zu dem der anderen Fallgestaltungen von 1.775.000 € sowie 1.530.000 €, wie auch die oben stehende Abbildung 9 belegt.

VI. Zwischenergebnis

Die gewonnenen Erkenntnisse der soeben betrachteten Fallbeispiele verdeutlichen vor dem Hintergrund der Auswirkungen des § 8c KStG die Notwendigkeit, eine optimale Gestaltungsvariante unter der jeweils gegebenen Zielsetzung zu ermitteln. Wie im Beispiel der Verschmelzung aufgezeigt, können schon geringe Variationen zu signifikanten Änderungen der Effekte des § 8c KStG auf den betrachteten Sachverhalt führen.

Bezogen auf die dargestellten Grundfälle zum Mantelkauf, sowie der konzerninternen Umstrukturierung bestätigt sich die oben angeführte Kritik,[360] die Anwendung des § 8c KStG würde dem ursprünglichen Gesetzeszweck der Missbrauchsvermeidung entgleiten und auch dem, vom Gesetzgeber betonten Bezugspunkt der Änderung des wirtschaftlichen Engagements der Körperschaft kein maßgebliches Gewicht zuschreiben. Immerhin resultiert die Anwendung des § 8c KStG häufig in wirtschaftlich nicht sachgerechten Ergebnissen, die vorrangig mit dem Argument der Absicht, die Mantelkaufregelung vereinfachen zu wollen, gerechtfertigt werden. Insbesondere der Belastungsvergleich nach neuer und alter Rechtslage bestätigt die Verbreiterung des Anwendungsbereichs, sowie die damit verbundene Verstärkung der beschränkenden Auswirkungen der Mantelkaufregelung.

---

[359] Beachte für die Anwendung in der Beratungspraxis einen etwaigen Verstoß gegen § 42 AO.

[360] Siehe oben C. IV. 2.

E. Fazit

Schon ein kurzer Blick auf die Masse an ungeklärter Rechtsfragen zur Regelung des § 8 Abs. 4 KStG a.F. genügt, um den Bedarf einer Neuregelung – und somit eines neuen Abschnitts in der Historie der Mantelkaufproblematik – erkennen zu lassen. Es ist somit sehr zu begrüßen, dass sich der Gesetzgeber mit der Ablösung des § 8 Abs. 4 KStG a.F. von dessen Rechtsfragen und Anwendungsproblemen löst und mit der neuen Mantelkaufregelung des § 8c KStG eine neue Richtung einschlägt. Durch die Festlegung einer neuen Grundkonzeption der Norm – und damit auch vollständig neuer Tatbestandsmerkmale – wird nicht nur auf Ebene des Gesetzeswortlauts ein Neuanfang gewagt, sondern insbesondere auch auf der Ebene der Anwendung, Auslegung und Interpretation der Regelung. Die unüberwindbaren Altlasten der Vorgängerregelung werden somit vernichtet, was dem Rechtsanwender und Steuerpflichtigen die Möglichkeit eröffnet, unter Kenntnisnahme und Umgehung der Schwachstellen der neuen Regelung, diese optimal zu nutzen.

Leider wird diese euphorische Stimmung schon vor dem Beginn der praktischen Anwendung der neu eingeführten Norm durch das Vorliegen zahlreicher Verstöße gegen grundlegende steuerrechtliche Prinzipien getrübt. Weder nach dem objektiven Nettoprinzip noch nach dem körperschaftsteuerlichen Trennungsprinzip ist § 8c KStG derzeit als steuersystematisch konsequent einzuordnen. Auch aus wirtschaftlicher und rechtspolitischer Sicht beinhaltet die neue Mantelkaufregelung signifikante Schwächen, welche sich insbesondere in der Bewirkung unsachgemäßer steuerlicher Ergebnisse abzeichnen. Durch einen verbreiterten Anwendungsbereich, die Reduzierung des Tatbestands auf ein maßgebliches Kriterium und den Verzicht auf ökonomisch wichtige Ausnahmeklauseln erlangt der steuerliche Aspekt bei Unternehmenstransaktionen somit immer mehr Gewicht. Immerhin ist es dem Gesetzgeber nicht gelungen, den Anwendungsbereich der neuen Mantelkaufregelung zielsicher zu begrenzen, womit auch Vorgänge außerhalb der Mantelkaufproblematik von den Wirkungen der Verlustabzugsbeschränkung des § 8c KStG betroffen sind. Lässt man dabei die aktuell schwer zu belegende Zielsetzung, hauptsächlich den missbräuchlichen Handel mit Verlustvorträgen zu unterbinden, außen vor, so hält sich der Gesetzgeber überdies nicht einmal an seine angepasste Intention, die Rechtsfolgen der Mantelkaufregelung vom geänderten wirtschaftlichen Engagement der Körperschaft abhängig zu machen. Vor allem bei konzerninternen Sachverhalten konnte dies eindeutig widerlegt werden.

Das Hauptproblem der neu eingeführten Mantelkaufregelung stellt wohl die Verwendung unbestimmter und stark auslegungsbedürftiger Rechtsbegriffe dar. Um alte Fehler zu vermeiden, sollte der Gesetzgeber seinen Standpunkt bezüglich des Gesetzeszwecks klarstellen und präzisieren, womit eine sich widersprechende Rechtsprechung sowie die Unsicherheit in der Auslegung unbestimmter Begriffe vermieden werden könnten. Schließlich würde dies den Steuerpflichtigen eine zielsicherere Planung der Wirkungen des § 8c KStG ermöglichen und erleichtern, und der Finanzverwaltung sowie dem BFH befriedigende Anhaltspunkte zur Anwendung und Auslegung des § 8c KStG liefern. Immerhin hat die Finanzverwaltung zu diesem Zeitpunkt durch die Veröffentlichung eines BMF-Schreibens vom 4.7.2008 keinen Beitrag dazu geleistet. Neben einigen klärenden Hinweisen setzt sie zum Teil aufgrund fehlender Auslegungsgrundsätze unglücklicherweise auf Einzelfallregelungen, die die Anwendung des § 8c KStG auf lange Sicht verkomplizieren und auf eine unsichere Basis stellen würden.

Schlussendlich wird sich im Laufe der folgenden Veranlagungszeiträume zeigen, inwieweit der neu eingeführte § 8c KStG zu Schwierigkeiten im Rahmen der steuerlichen Praxis führen wird. Dabei ist insbesondere das tatsächliche Ausmaß der steuerlichen Belastungen des § 8c KStG am verhältnismäßig niedrigen Körperschaftsteuersatz von nur 15 % zu relativieren.

Es bleibt zu hoffen, dass der Gesetzgeber und insbesondere die Finanzverwaltung sowie auch die Rechtsprechung des BFH aus den alten Fehlern bezüglich der Verwaltungspraxis des § 8 Abs. 4 KStG a.F. positive Erfahrungen ziehen. Der signifikante Wechsel in der Systematik der Mantelkaufregelung könnte dabei den Anstoß geben, diese positiven Erfahrungen in Zukunft zugunsten einer vereinfachten Mantelkaufregelung des § 8c KStG einzusetzen, um die vergangenen Fehler im Rahmen der Anwendung der Vorgängerregelung nicht zu wiederholen.

Literaturverzeichnis

- *Arentzen, Ute / Winter, Eggert (Hrsg.)*:
  Gabler Wirtschaftslexikon, 14. Auflage, Wiesbaden 1997, (zitiert: *Bearbeiter*, in: Gabler Wirtschaftslexikon)

- *Avella, Felice-Alfredo / Ziegler, Lars*:
  Mantelkauf nach § 8c KStG – Auswirkungen und Gestaltungsmöglichkeiten unter Berücksichtigung des BMF-Schreibens vom 04.07.2008, StC 10/2008, S. 24-31

- *Beußer, Thomas*:
  Die Verlustabzugsbeschränkung gem. § 8c KStG im Unternehmensteuerreformgesetz 2008, DB 2007, S. 1549-1553

- *Birk, Dieter*:
  Steuerrecht, 10. Auflage, Heidelberg 2007, (zitiert: *Birk*, Steuerrecht)

- *Blumenberg, Jens / Benz, Sebastian*:
  Die Unternehmensteuerreform 2008 – Erläuterungen und Gestaltungshinweise, Köln 2007, (zitiert: *Bearbeiter*, in: Blumenberg/Benz, Die Unternehmensteuerreform 2008)

- *Blumenberg, Jens / Schäfer, Karl P.*:
  Das SEStEG – Steuer- und gesellschaftsrechtliche Erläuterungen und Gestaltungshinweise, München 2007, (zitiert: *Bearbeiter*, in: Blumenberg/Schäfer, SEStEG)

- *Breuninger, Gottfried E. / Schade, Dirk*:
  Entwurf eines BMF-Schreibens zu § 8c KStG – „Verlustvernichtung" ohne Ende?, Ubg 2008, S. 261-268

- *Bühr, Oliver M.*:
  Verlustverrechnungsbeschränkungen im Einkommensteuerrecht (Diss.), Aachen 1993

- *Dörfler, Harald / Wittkowski, Ansas*:
  Verschärfung der Verlustnutzung bei Kapitalgesellschaften: Wie § 8c KStG-E das Kind mit dem Bade ausschüttet, GmbHR 2007, S. 513-518

- *Dörr, Ingmar*:
  Neuausrichtung der Mantelkaufregelung – Änderungen beim Verlustabzug für Körperschaften nach Anteilseignerwechsel, NWB 2007, Fach 4, S. 5181-5198

- *Drissen, Daniel*:
  Die Zinsschranke als fragwürdige Innovation der Unternehmensteuerreform 2008, SteuerStud 2008, S. 533-539

- *Eckhoff, Rolf*:
  Verluste im Einkommensteuerrecht, DStJG 28/2005, S. 11-39

- *Eisgruber, Thomas*:
  Aktuelle Fragen der Verlustnutzung im Unternehmensbereich, DStZ 2007, S. 630-635

- *Erle, Bernd / Sauter, Thomas (Hrsg.)*:
  Heidelberger Kommentar zum KStG, 2. Auflage, Heidelberg 2006, (zitiert: *Bearbeiter*, in: Erle/Sauter, KStG)

- *Frotscher, Gerrit*:
  Körperschaftsteuer – Gewerbesteuer, 2. Auflage, München 2008, (zitiert: *Frotscher*, KSt/GewSt)

- *Frotscher, Gerrit / Maas, Ernst (Hrsg.)*:
  Praxiskommentar KStG UmwStG (Loseblatt), 90. Ergänzungslieferung, Freiburg 2008, (zitiert: *Bearbeiter*, in: Frotscher/Maas, KStG/UmwStG)

- *Geist, Andreas*:
  Die Besteuerung von Sanierungsgewinnen – Zur Anwendbarkeit, Systematik und Auslegung des BMF-Schreibens vom 27.3.2003, BB 2008, S. 2658-2666

- *Gleumes, Thomas*:
  Interpersonale Übertragung des Verlustabzugs (§10d EStG) durch Erbfall im Einkommensteuerrecht (Diss.), Aachen 2005

- *Glutsch, Siegfried / Otte, Ines / Schult, Bernd*:
  Das neue Unternehmensteuerrecht – Richtig beraten nach der Unternehmensteuerreform 2008, Wiesbaden 2008

- *Gosch, Dietmar*:
  Neue Antworten und Lösungsansätze des BFH zu den Verlustabzugbeschränkungen des § 8 Abs. 4 KStG – Anmerkungen zum BFH-Urteil v. 20.8.2003 – I R 61/01, DStR 2003, S. 1917-1919

- *Grefe, Cord*:
  Unternehmensteuern, 11. Auflage, Ludwigshafen 2008

- *Grützner, Dieter*:
  Die Einschränkungen des Verlustabzugs durch § 8c KStG, StuB 2008, S. 617-623

- *Haag, Maximilian / Veith, Amos*:
  Das MoRaKG und seine Auswirkungen für Wagniskapital in Deutschland – oder was von einem Private-Equity-Gesetz geblieben ist, BB 2008, S. 1915-1922

- *Hans, Adrian*:
  Unternehmensteuerreform 2008: Kritik der Neuregelung über die Nutzung körperschaftsteuerlicher Verluste (§ 8c KStG), FR 2007, S. 775-781

- *Harle, Georg / Geiger, Annette*:
  Gestaltungsmöglichkeiten innerhalb des Verlustabzugs bei Körperschaften nach dem BMF-Schreiben v. 4.7.2008 zu § 8c KStG, GmbHR 2008, S. 873-877

- *Heinrich, Johannes*:
  Verluste im Fall der Rechtsnachfolge und des Gesellschafterwechsels, DStJG 28/2005, S. 121-148

- *Herrmann, Carl / Heuer, Gerhard / Raupach, Arndt (Hrsg.)*:
  Einkommensteuer- und Körperschaftsteuergesetz (Loseblatt), 231. Ergänzungslieferung, Köln 2008,
  (zitiert: *Bearbeiter*, in: Herrmann/Heuer/Raupach, EStG/KStG)

- *Herzig, Norbert*:
  Verluste im Körperschaftsteuerrecht, DStJG 28/2005, S. 185-203

- *Heuermann, Bernd (Hrsg.)*:
  Blümich, EStG – KStG – GewStG – Kommentar (Loseblatt), 97. Ergänzungslieferung, München 2007,
  (zitiert: *Bearbeiter*, in: Blümich, EStG/KStG/GewStG)

- *Hey, Johanna*:
  Steuerplanungssicherheit als Rechtsproblem, Köln 2002,
  (zitiert: *Hey*, Steuerplanungssicherheit).

- *Hey, Johanna*:
  Verletzung fundamentaler Besteuerungsprinzipien durch die Gegenfinanzierungsmaßnahmen des Unternehmensteuerreformgesetzes 2008, BB 2007, S. 1303-1309

- *Hüffer, Uwe*:
  Kurzkommentar Aktiengesetz, 8. Auflage, München 2008,
  (zitiert: *Hüffer*, AktG)

- *Jakob, Wolfgang*:
  Einkommensteuer, 4. Auflage, München 2008

- *Jehke, Christian*:
  Bestimmtheit und Klarheit im Steuerrecht, Berlin 2005

- *Kempermann, Michael*:
  Verlustausweis – Bemessungsgrundlage – Verlustberücksichtigung, DStJG 28/2005, S. 99-120

- *Kirchhof, Paul*:
  EStG Kompaktkommentar, 7. Auflage, Heidelberg 2007,
  (zitiert: *Bearbeiter*, in: Kirchhof, EStG)

- *Köllen, Josef / Vogl, Elmar / Wagner, Edmund*:
  Lehrbuch Körperschaftsteuer, Herne 2008,
  (zitiert: *Bearbeiter*, in: Köllen/Vogl/Wagner, Lehrbuch KSt)

- *Kübler, Friedrich / Assmann, Heinz-Dieter*:
  Gesellschaftsrecht – Die privatrechtlichen Ordnungsstrukturen und Regelungsprobleme von Verbänden und Unternehmen, 6. Auflage, Heidelberg 2006

- *Kußmaul, Heinz / Richter, Lutz / Tcherveniachki, Vassil*:
  Ausgewählte praktische Problemfelder im Kontext des § 8c KStG – Zugleich Anmerkungen zum BMF-Schr. vom 4.7.2008, GmbHR 2008, S. 1009-1017

- *Lang, Bianca*:
  Die Neuregelung der Verlustabzugsbeschränkung gem. § 8c KStG durch das Unternehmensteuerreformgesetz 2008, DStZ 2007, S. 652-663

- *Lang, Joachim*:
  Die Bemessungsgrundlage der Einkommensteuer, Köln 1988

- *Lenz, Martin / Ribbrock, Martin*:
  Versagung des Verlustabzugs bei Anteilseignerwechsel – kritische Analyse des § 8c KStG in der Fassung des Referentenentwurfs zur Unternehmensteuerreform 2008, BB 2007, S. 587-591

- *Lishaut, Ingo van*:
  Grenzfragen zum „Mantelkauf“ (§ 8c KStG), FR 2008, S. 789-801

- *Meiisel, Patrick / Bokeloh, Bettina*:
  Anmerkungen zum Entwurf des BMF-Schreibens zu § 8c KStG, BB 2008, S. 808-816

- *Mönikes, Cordula*:
  Die Verlustverrechnungsbeschränkungen des Einkommensteuergesetzes im Lichte der Verfassung (Diss.), Aachen 2006,
  (zitiert: *Mönikes*, Verlustverrechnungsbeschränkungen des EStG)

- *Neumann, Ralf / Stimpel, Thomas*:
  Ausgewählte Zweifelsfragen zur neuen Verlustabzugsbeschränkung nach § 8c KStG, GmbHR 2007, S. 1194-1201

- *Neyer, Wolfgang*:
  Der Mantelkauf – Neuregelungen durch das Unternehmensteuerreformgesetz 2008, Herne 2008
  (zitiert: *Neyer*, Mantelkauf)

- *Neyer, Wolfgang*:
  Verlustnutzung nach Anteilsübertragung: Die Neuregelung des Mantelkaufs durch § 8c KStG n.F., BB 2007, S. 1415-1420

- *Palandt, Otto*:
  Bürgerliches Gesetzbuch Kommentar, 66. Auflage, München 2007,
  (zitiert: *Bearbeiter*, in: Palandt, BGB)

- *PricewaterhouseCoopers AG (Hrsg.)*:
  Unternehmensteuerreform 2008, Stuttgart 2007,
  (zitiert: *Bearbeiter*, in: PWC, Unternehmensteuerreform 2008)

- *Raiser, Thomas / Veil, Rüdiger*:
  Recht der Kapitalgesellschaften, 4. Auflage, München 2006

- *Rodewald, Jörg / Pohl, Matthias*:
  Unternehmensteuerreform 2008: Auswirkungen auf Gesellschafterbeziehungen und Gesellschaftsverträge, DStR 2008, S. 724-730

- *Rodi, Michael*:
  Die Rechtfertigung von Steuern als Verfassungsproblem, München 1994

- *Roser, Frank*:
  Verlust- (und Zins-) Nutzung nach § 8c KStG, DStR 2008, S. 77-81

- *Schaumburg, Harald / Rödder, Thomas (Hrsg.)*:
  Unternehmensteuerreform 2008: Gesetze – Materialien – Erläuterungen, München 2007,
  (zitiert: *Bearbeiter*, in: Schaumburg/Rödder, Unternehmensteuerreform 2008)

- *Schick, Rainer / Franz, Einiko B.*:
  Verlustnutzung bei Umwandlungen trotz § 8c KStG?, DB 2008, S. 1987-1994

- *Schmidt, Ludwig*:
  Einkommensteuergesetz Kommentar, 27. Auflage, München 2008, (zitiert: *Bearbeiter,* in: Schmidt, EStG)

- *Schwedhelm, Rolf*:
  Die Neuregelung des Mantelkaufs in § 8c KStG – verfassungs- und steuersystematische Würdigung, GmbHR 2008, S. 404-408

- *Sistermann, Christian / Brinkmann, Jan*:
  Verlustuntergang aufgrund konzerninterner Umstrukturierungen – § 8c KStG als Umstrukturierungshindernis?, DStR 2008, S. 899-903

- *Spindler, Wolfgang*:
  Der „Gesamtplan“ in der Rechtsprechung des BFH, DStR 2005, S. 1-5

- *Streck, Michael*:
  Kommentar zum Körperschaftsteuergesetz, 7. Auflage, München 2008,
  (zitiert: *Bearbeiter*, in: Streck, KStG).

- *Strnad, Oliver*:
  Zur Vererbung des Verlustabzuges (§ 10d EStG 1997) (Diss.), Hamburg 1998

- *Strnad, Oliver*:
  Vererblichkeit des einkommensteuerlichen Verlustabzuges (§ 10d EStG 1997), FR 1998, S. 935-937

- *Suchanek, Markus*:
  Verlustabzugsbeschränkung für Körperschaften – Anmerkungen zum Entwurf eines BMF-Schreibens vom 20.2.2008 zu § 8c KStG, GmbHR 2008, S. 292-296

- *Suchanek, Markus / Herbst, Christian*:
  Unternehmensteuerreform 2008: fatale Wirkungen des neuen § 8c KStG zur Verlustnutzung bei Körperschaften und der Auslaufvorschrift zu § 8 Abs. 4 KStG, FR 2007, S. 863-873

- *Tipke, Klaus*:
  Die Steuerrechtsordnung Band I, 2. Auflage, Köln 2000,
  (zitiert: *Tipke*, Steuerrechtsordnung, Bd. I)

- *Tipke, Klaus*:
  Die Steuerrechtsordnung Band II, 2. Auflage, Köln 2003,
  (zitiert: *Tipke*, Steuerrechtsordnung, Bd. II)

- *Tipke, Klaus*:
  Das Nettoprinzip – Angriff und Abwehr, dargestellt am Beispiel des Werkstorprinzips, BB 2007, S. 1525-1533

- *Tipke, Klaus / Kruse, Wilhelm*:
  Abgabenordnung/Finanzgerichtsordnung Kommentar (Loseblatt), 116. Ergänzungslieferung, Köln 2008,
  (zitiert: *Bearbeiter*, in: Tipke/Kruse, AO/FGO)

- *Tipke, Klaus / Lang, Joachim*:
  Steuerrecht, 19. Auflage, Köln 2008,
  (zitiert: *Bearbeiter*, in: Tipke/Lang, Steuerrecht)

- *Vogt, Rita*:
  Rechtsnachfolge im Steuerrecht (Diss.), Berlin 2007

- *Werz, Ralf S.*:
  Verlustverrechnungsbeschränkungen im Lichte der Verfassung (Diss.), Aachen 2003,
  (zitiert: *Werz*, Verlustverrechnungsbeschränkungen)

- *Wild, Michael H. / Sustmann, Marco / Papke, Norgard*:
  Gefährdet § 8c KStG bei einem Börsengang die steuerlichen Verlustvorträge der emittierenden Gesellschaft?, DStR 2008, S. 851-856

- *Wiese, Götz T.*:
  Der Untergang des Verlust- und Zinsvortrages bei Körperschaften, DStR 2007, S. 741-745

- *Wiese, Götz T. / Klass, Tobias / Möhrle, Tobias*:
  Der Regierungsentwurf zur Unternehmensteuerreform 2008 – Überblick und erste Anmerkungen, GmbHR 2007, S. 405-414

- *Zerwas, Peter / Fröhlich, Sebastian*:
  § 8c KStG – Auslegung der neuen Verlustabzugsbeschränkung, DStR 2007, S. 1933-1940